VOZES DE MULHERES NEGRAS

Copyright © 2024
Ludmilla Lis

Todos os direitos reservados
à Pallas Editora e Distribuidora Ltda.

editoras
Cristina Fernandes Warth
Mariana Warth

coordenação editorial
Daniel Viana

assistente editorial
Daniella Riet

revisão
BR75 | Aline Canejo; Ana Clara Werneck

Este livro segue as novas regras
do Acordo Ortográfico da Língua Portuguesa.

DADOS INTERNACIONAIS DE CATALOGAÇÃO NA PUBLICAÇÃO (CIP)
(CÂMARA BRASILEIRA DO LIVRO, SP, BRASIL)

Lis, Ludmilla

   Vozes de mulheres negras / Ludmilla Lis. -- Rio de Janeiro : Pallas Editora, 2024.

   ISBN 978-65-5602-148-5

   1. Antirracismo 2. Experiências de vida 3. Mulheres negras - Aspectos culturais 4. Mulheres negras - Condições sociais I. Título.

24-230529   CDD-305.42

Índices para catálogo sistemático:
1. Mulheres negras : Aspectos sociais : Sociologia 305.42
Eliete Marques da Silva - Bibliotecária - CRB-8/9380

Pallas Editora e Distribuidora Ltda.
Rua Frederico de Albuquerque, 56 – Higienópolis
CEP 21050-840 – Rio de Janeiro – RJ
Tel: 21 2270-0186
www.pallaseditora.com.br | pallas@pallaseditora.com.br

VOZES DE MULHERES NEGRAS

Ludmilla Lis

Este livro é dedicado ao PPRER (Programa de Pós-Graduação em Relações Étnico-Raciais) do CEFET/RJ, que me deu todos os instrumentos para tecer essa obra, e ao Espírito Santo de Deus — meu guia, que me mantém viva.

SUMÁRIO

Palavras iniciais **11**

Agradecimentos **12**

Por que você deve ler este livro? **15**

Introdução **17**

"Um corpo no mundo": *in-mundo* **19**

Percursos metodológicos – entre becos e vielas – construindo possibilidades **31**

Nossas narradoras – Escrevivências **33**

CAPÍTULO 1
Histórias para adormecer o mundo **47**

1.1 Construindo o Outro **55**

1.2 Brasil, meu mulato inzoneiro **61**

CAPÍTULO 2
A noite não adormece nos olhos das mulheres negras **73**

2.1 Desconstruindo imaginários – borrando imagens do passado **91**

CAPÍTULO 3
Trauma, branquidade, vestígios e memórias nas experiências de mulheres negras **105**

3.1 Sobre o encontro com a branquidade **119**

3.2 Feridas e processos de desumanização **130**

3.3 Caminhando por vestígios da memória **145**

CONCLUSÃO
ou "Entregando o trabalho ao mundo" **155**

Referências **163**

ANEXO
Narrativas **171**

Ginga **173**

Sofia **176**

Célie **179**

Luiza **195**

Ponciá **199**

Chica **207**

Zica **221**

PALAVRAS INICIAIS

Agradecimentos

Este livro é uma carta-agradecimento, engendrada e construída de meados de 2018 até dezembro do ano-morte de 2020. Ele nasce da dissertação apresentada ao Programa de Pós-Graduação em Relações Étnico-Raciais do Centro Federal de Educação Tecnológica Celso Suckow da Fonseca (Cefet-RJ), quando me formei no mestrado.

Eu chamo 2020 de ano-morte porque foi quando nosso mundo aprendeu de forma duríssima as palavras isolamento, quarentena, afastamento, coronavírus, morte... E teve que repensar suas relações sociais, o comportamento de um povo que cumprimenta com abraços, beijos e toques – características não gerais, mas bastante presentes na experiência do corpo brasileiro, sobretudo no Rio de Janeiro, estado em que habito.

Fátima Lima, minha Ori(entadora), foi a grande responsável pela realização deste trabalho, desde os primeiros passos mesmo, quando ela me advertia sobre a necessidade de ter uma pessoa como eu na academia. "Uma pessoa como eu" pode ser uma simples frase ou figurar como uma sentença, dependendo do momento e do local em que se apresenta. Orientadora e amiga, Fátima acreditou nesta escrita desde o início e me fortaleceu a cada momento de dúvida e desânimo. Eu a considero uma mulher-Hidra, em referência à Hidra de Lerna, ser mitológico grego morto por Hércules, representado por uma serpente de seis cabeças, que se movimentam em direções distintas e, ao serem cortadas, crescem novamente. Tomando a figura da Hidra, trago a imagem de que Fátima Lima é uma mulher múltipla, cheia de saberes diversos.

No curso desta obra, trarei até vocês um pouco das histórias e da vida dessa "pessoa" que sou eu e por que resolvi construir, dessa forma, este tratado sobre a experiência de ser uma mulher negra.

O desejo de viver em plenitude, amar e ser amada livremente, a urgência em ver as mulheres, homens e crianças negras desse país andando pelas ruas, seguras, inteiras, de cabeça erguida, sorrindo foi o motor a conduzir a obra, quando da apresentação da dissertação. Agora, ela sai dos muros da universidade para ganhar mais e mais pessoas das mais diversas áreas.

Agradeço intensamente à vida pela possibilidade de experienciar momentos incríveis e aprender mais sobre meu país e as relações construídas sob a égide do colonialismo. Sinto-me como uma imensa marreta, pronta para fazer ruir o muro das estruturas racistas coloniais brasileiras.

Agradeço aos meus. À minha amiga Renata Moraes, ouvido primeiro de minhas dificuldades e cansaços, por suas orações, palavras e carinhos de sempre, antes e durante a pandemia, pensando junto uma forma de escrever um futuro possível para nós. Às minhas amigas narradoras, mulheres incríveis que se dispuseram a contar suas histórias e reviver junto comigo lembranças tão dolorosas de um tempo próximo, de feridas ainda abertas. Mulheres que me ensinaram e aumentaram minha capacidade de me refazer diante de dificuldades. Aos meus companheiros do Programa de Pós-Graduação em Relações Étnico-Raciais do Cefet-RJ, que compartilharam momentos de afeto e cumplicidade em meio a tantas disciplinas que nos instigaram e exigiram; em meio a tantas noites de conversas de sala e de bar marcadas por longos risos e choros. A eles devo esses dois anos de vida.

Um capítulo à parte para agradecimentos permanentes à querida Elisângela de Jesus Santos, mulher da quebrada, mãe e amiga com quem tenho dividido o olhar por sobre a flecha que Exu atirou hoje acertando o ontem. Você me honra, Elis. À minha mãe, Maria Alice Andrade, por todos os esforços que fez para que eu pudesse estudar. Da educação vem toda a minha potência. Aos meus amados sobrinhos, Murilo e Benício, por terem sido os motivos de minha alegria em plena pandemia, por criarem meios para que eu conseguisse escrever, enquanto me sorriam com seus rostos infantis e amorosos e me enchiam de vida em meio à desesperança do mundo em 2020. Um agradecimento maior à mulher que me acompanhou em todo esse percurso, a voz-pouso, o riso solto, a parceira de todas as horas: a Conceição Evaristo, todo meu amor por cada momento juntas e por cada aprendizado através de sua força motriz, que me toma inteira. Um agradecimento especial a Cristina Warth, editora deste livro, que muito me honrou com o convite para espalhar minhas palavras, retidas somente pela academia, para todos que puderem e desejarem se apropriar delas. Eu ofereço este livro à minha melhor amiga, minha avó Maria Alice da Silva Andrade, mulher negra que me ensinou a amar através de ações, mesmo tendo trabalhado desde os 7 anos de idade na casa dos outros como empregada doméstica. Por você, para você e graças a você, vó.

Por que você deve ler este livro?

Este trabalho nasce do desejo de debater e refletir a experiência de ser mulher negra na sociedade brasileira, considerando as mulheres racializadas do mundo inteiro. Como veremos adiante, ser mulher negra implica uma nomeação que vem de um outro para o sujeito negro/negra e marca a maneira como esse sujeito será tratado e considerado pelos não negros. Realizar um levantamento das discussões sobre raça e racismo como construções sociais estruturais das sociedades mundiais; montar um panorama das ações e insurgências das mulheres negras contra a opressão do Estado, no cenário de sua sobrevivência em uma sociedade de base exploratória; investigar a branquidade como fenômeno de amputação das subjetividades afrodiaspóricas; e apontar os processos traumáticos vividos e imputados às mulheres racializadas no cenário brasileiro são os tópicos abordados nesta obra. Como meio de investigação, este livro-pesquisa, já que é fruto da dissertação que o precede, se debruça sobre o conceito de Escrevivência, base do processo de produção das histórias contadas por nossas interlocutoras e base das análises realizadas. Sete participantes construíram textos escritos em que foram suscitadas muitas de suas lembranças acerca de acontecimentos, fatos que tivessem o racismo como ferramenta de constrangimento. As narradoras (como são chamadas) "oferecem" suas memórias para que possamos refletir os eventos raciais por que passaram ou ainda passam, enquanto elaboramos também os diversos métodos de resistência criados por essas mulheres para a construção e a manutenção da vida delas e de suas famílias. Junto ao desejo de tornar dizíveis os efeitos do racismo e visíveis todos os corpos de negras atingidas por ele está a ideia de produzir um plano crítico que evidencie as vozes dessas mulheres como protagonistas de suas histórias e como construtoras de conhecimento, detentoras de sabedorias ancestrais capazes de desenhar um novo mundo.

INTRODUÇÃO

Um corpo no mundo
Atravessei o mar
Um sol
Da América do Sul
Me guia
Trago uma mala de mão
Dentro uma oração
Um adeus
Eu sou um corpo, um ser, um corpo só
Tem cor, tem corte
E a história do meu lugar
Eu sou a minha própria embarcação
Sou minha própria sorte
[...]
Je suis ici
Ainda que eu não queira mais, je suis ici
Agora
Cada rua dessa cidade cinza sou eu
Olhares brancos me fitam
Há perigo nas esquinas
E eu falo mais de três línguas
E a palavra amor, cadê?
(Luedji Luna, 2017)

"Um corpo no mundo": *in-mundo*

Esta obra tem como cerne apresentar um plano crítico a respeito dos efeitos da branquidade nos sujeitos negros, em especial nas mulheres negras, que experienciam em seus corpos as práticas racistas presentes em nossa sociedade. Sigo aqui as ideias de Aníbal Quijano (2005) acerca dos conceitos de colonialidade e colonialismo. Como conceitos interligados, a primeira – qualidade do que é colonial – constitui um padrão mundial de poder mais profundo e permanente, capitalista, baseado na exploração de uma estrutura de classificação racial que mantenha a dominação sobre uma parcela da população. O colonialismo pode se referir em linhas gerais ao tempo passado, à época colonial, a um sistema também de dominação, que se fundamenta no estabelecimento de colônias, com intenso controle sobre nações de diferentes identidades.

Este trabalho suscita reflexão e discussão sobre como é viver a experiência de ser nomeada uma mulher negra, a partir da ideia de ferida e trauma colonial, pensando como esse processo tem atingido a vida dessas pessoas de diferentes formas, mas sempre marcadas pelo ponto em comum da violência e da brutalidade da colonialidade sobre os corpos das mulheres negras e racializadas. Mulheres que se encontram fora do padrão racial considerado normal em relação ao branco como modelo, por vezes chamadas de mulheres não brancas, ou mulheres de cor, e que, para algumas das teóricas do feminismo decolonial, são aquelas cujas características fenotípicas se convertem em motivo de opressão para si.

Partindo dessa ideia, o objetivo geral é produzir uma análise crítica que contribua com o desmantelamento do imaginário brasileiro que coloca as negras em posição de alienação, analisando como as práticas racistas impactam a vida dessas mulheres, as invisibilizam e contribuem para sua subalternização e seu sofrimento psíquico. Através da análise das narrativas autobiográficas produzidas pelas sujeitas de pesquisa, esperamos expor algumas feridas causadas pelo racismo instituído na sociedade brasileira, avançando na compreensão dos sistemas e estratégias hegemônicas que trabalham para sua manutenção, a fim de fomentar discussões, debates, ações que fortaleçam as mulheres negras face a esses entraves e colaborem na reconstrução de suas identidades sociais e subjetividades.

Esta obra foca experiências singulares. Não falamos "mulher" negra, mas mulheres negras. Assim, reconheço o caráter localizado e singular desta pesquisa, mas ressalto sua importância para pensarmos as representações e as práticas discursivas presentes e dinâmicas sobre as mulheres negras nos contextos brasileiros.

Desde cerca de 2015, venho discutindo fortemente, nos meios em que estou, as formas possíveis de rompermos com os elementos de colonialidade ainda resistentes e estruturantes da sociedade brasileira. Descobrir de que forma a produção do conhecimento poderia contribuir na descolonização dessa sociedade demandou este livro-pesquisa.

Analisar as narrativas de mulheres negras, escrevendo em seus próprios nomes, trazendo suas memórias individuais, que terminam por preencher uma memória coletiva, é a forma metodológica construída para ajudar a pensar nas questões que a pesquisa levanta. Posicionar a branquidade como fenômeno destruidor da subjetividade negra e o trauma como evento indizível é a oportunidade de trazer o sujeito branco à discussão, e não mais à confortabilidade da omissão.

O contato da mulher negra e do homem negro com a supremacia branca, junto à desumanização do sujeito negro, tem produzido mais e mais sofrimento, seja ele psíquico ou físico, por somatização das feridas causadas pelo racismo, enquanto tem levado as juventudes, principalmente, à solidão e mesmo ao suicídio.

Como aponta Bento (2018, p. 25), alguns dos aspectos da branquitude, como "o medo que alimenta a projeção do branco sobre o negro e os pactos narcísicos entre os brancos", são fontes que reforçam, instrumentalizam e reatualizam as condições para a perpetuação do racismo no contexto brasileiro. Esses aspectos são trabalhados e ressaltados como bases teóricas deste livro, tornando-se visíveis por meio das narrativas das participantes envolvidas.

O estudo de campo desta pesquisa toma a ideia de trauma como o resultado causado pelo contato diário com a branquidade, pela vivência desse cotidiano de palavras não ditas, de atos que se dizem não pensados, mas que funcionam como estratégias de reatualização e manutenção do racismo. Estratégias que por vezes nos paralisam, nos chocam e nos recolocam a máscara de flandres, instrumento de tortura usado por mais de 300 anos como castigo físico, para a interdição de nossa voz, como bem ressalta Grada Kilomba:

> A necessidade de transferir a experiência psicológica do racismo para o corpo expressa a ideia de trauma no sentido de uma experiência indizível, um evento desumanizante, para o qual não se tem palavras adequadas ou símbolos que correspondam. Geralmente, ficamos sem palavras, emudecidas/os. A necessidade de transferir a experiência do racismo para o corpo – a soma – pode ser vista como uma forma de proteção do eu ao empurrar a dor para fora (somatização). (KILOMBA, 2019, p. 161)

Foram a compreensão dessa dor, a somatização dessa experiência indizível, as feridas ainda abertas, o silêncio que ainda nos é imposto e contra o qual lutamos que se tornaram o grande motivo de empreender este estudo.

De acordo com a fala da escritora e pensadora Conceição Evaristo (2019), na conferência de abertura do 13º Encontro Regional Sudeste de História Oral: Narrativas de (Re)existências, o sujeito negro sequestrado que desembarca no litoral brasileiro não traz nenhum bem, nenhum objeto que possa lembrá-lo de sua vida pregressa ou do lugar de onde veio. O migrante nu de que fala Édouard Glissant (2005) aporta sem nada, de nada dispõe, traz consigo somente a memória, aquilo de que se lembra e que lhe deixou marcas que o certificam de quem ele é e de onde veio. Também a memória dos povos escravizados foi sequestrada. Já não existem certezas, lembranças vívidas, histórias lineares – somente fragmentos desse tempo passado-presente-futuro.

Conceição Evaristo toma para si o conceito de transversalização histórica (GLISSANT, 2005), junto à ideia do "migrante nu", que desembarca dos navios negreiros tendo apenas as lembranças que mantinha antes desse tempo suprimido, e nos traz a ideia de recomposição desse tempo que fora assaltado. A memória que ainda apreende as lembranças de uma África mítica poderá compor (por meio da literatura, da arte, da cultura) o presente vivido em diáspora. Esse presente pode ser composto por vestígios que o ligam a essa vivência anterior, pistas, referências, mistérios deixados pelos ancestrais, a fim de possibilitar a religação de passado/presente/futuro, construções não lineares, com base no tempo cíclico das culturas tradicionais africanas.

Essa discussão dialoga com a entrevista do pensador camaronês Achille Mbembe (2019), traduzida para o espanhol: "Cuando el poder brutaliza el cuerpo, la resistencia asume una forma visceral", em que o intelectual reflete sobre a memória dos povos subalternizados comparando suas perdas, quando da diáspora e da influência do poder da colonialidade, a um grande incêndio que destruiu seu passado e suas lembranças. Mbembe reflete sobre aprender a viver com o que não sobrou desse incêndio, já que a memória nunca será completa: será feita de enxertos, de pedaços, não pode ser recomposta em sua origem. A chave para a liberdade do indivíduo está em saber viver com o que foi perdido.

A escritora Conceição Evaristo utiliza bastante o termo *esgarçado* em diversas de suas entrevistas e palestras para se referir ao passado sequestrado junto à história dos africanos e seus descentes em diáspora, quando da escravização e do tráfico negreiro durante mais de 400 anos. E é a busca desse presente/passado que foi *esgarçado* que nos conduz nesta obra, que tem como objetivo contextualizar a situação da mulher negra, a partir de experiências vividas na cidade do Rio de Janeiro, por meio da discussão sobre a "criação" de seu imaginário social, a semantização e a ressemantização dessa categoria no panorama brasileiro.

A construção deste estudo aconteceu em meio às dúvidas e lutas que atravessam a vida de uma mulher negra na sociedade brasileira. As páginas seguintes trazem a experiência como possibilidade de que algo nos aconteça ou toque no que é fazer uma pesquisa. O conceito de experiência, discutido por Jorge Larrosa Bondía (2002), permeia toda esta pesquisa e trata sobre o vivido, em que "é incapaz de experiência aquele a quem nada lhe passa, a quem nada lhe acontece, a quem nada lhe sucede, a quem nada lhe toca, nada lhe chega, nada o afeta, a quem nada o ameaça, a quem nada ocorre" (BONDÍA, 2002, p. 25).

A fim de propor uma leitura mais aberta deste trabalho, que parte da vivência das sujeitas de pesquisa – as quais serão apresentadas – e que também atravessa a vida da própria pesquisadora, trago a ideia de pesquisa In-Munda (GOMES; MERHY, 2014): uma pesquisa que atravessa, escreve e inscreve sua autora.

Cabe lembrar que, no masculino, o termo *in-mundo* foi cunhado por Ricardo Moebus, pesquisador-doutor da Linha de Pesquisa Micropolítica do Trabalho em Saúde da UFRJ, durante uma discussão sobre metodologia (ocorrida em 4/10/2012), para designar a implicação do pesquisador com o objeto. Neste trabalho, utilizo-o na forma feminina a fim de propor também aqui uma abertura para uma escrita apoiada nas igualdades de gênero. O termo deseja debater a ideia de pesquisador "neutro", evocando uma participação ativa e envolvida no trabalho, deixando-se "imundo" (no sentido de envolto, "lambuzado", "sujado" pelo trabalho). O pesquisador *in-mundo* anda na contramão da academia quando o assunto é a realização de um trabalho que busque uma não contaminação por seu *corpus* de estudo, uma neutralidade que permita chegar a uma "verdade" a ser descoberta no fim de seu trabalho.

A proposta que envolve este trabalho pretende se opor à ideia de neutralidade, colocando a pesquisadora como sujeita "imunda", envolvida e/ou diretamente afetada pelo estudo do campo, enquanto brinca com a semântica, a fonética e a ortografia das palavras imundo e *in-mundo* ("no mundo" – como na música de Luedji Luna, 2017).

Assim como a cantora se inscreve, na canção citada, como um corpo que habita este mundo com suas subjetividades, com o peso de que sua matéria dispõe, atendendo aos sentimentos gerados, sentidos e trocados; eu, outro corpo habitante deste mesmo mundo, procuro trazer ao centro deste trabalho as discussões que ainda impedem as inscrições de tantas outras mulheres negras nesse espaço de convivência em que estamos juntas. São discussões que pretendem tornar visíveis as imagens múltiplas, formadoras e em formação que essas mulheres possuem e permanecem desconhecidas da maioria das pessoas, devido a séculos de invisibilização e deturpação dessas subjetividades decorrentes de um processo brutal e violento, que tem no racismo estrutural seu principal elemento e se desdobra nas suas experiências e nas relações entre racismo e sexismo.

A fim de mostrar meu percurso na construção desta obra, pretendo trazer ao texto, neste momento introdutório, fragmentos de minha vida associados a diversos aprendizados e situações que me atravessaram fortemente, contribuindo para a pesquisadora que me tornei até o momento em que escrevo. Aqui, mais uma vez, me alinho com a ideia de uma pesquisa *in-munda*, a fim de remexer e adentrar pelas experiências que também podem ser minhas, dialogando com as descobertas e seus significados.

Em meados de 2017, desempregada, em processo de saída de uma depressão tratada pela psicologia tradicional e recém-operada de uma histerectomia – que mudava em muito meu corpo e a forma como compreendia meu organismo até o momento –, parti de casa em direção à inauguração de um espaço que se intitulava "Casa das Pretas", no Centro do Rio de Janeiro. Lá conheci uma série de mulheres, em sua maioria negras, que, como eu, procuravam um lugar onde pudessem se sentir à vontade e talvez compartilhar algumas histórias.

Alguns dias após a abertura do espaço, já estava sendo oferecido um curso, na verdade, um LABORATÓRIO DE EXPERIÊNCIAS NEGRAS FEMINISTAS, que tinha como um dos objetivos criar um espaço de confiabilidade e proteção no qual essas mulheres pudessem conversar sobre as práticas feministas, sobre as questões raciais que lhes atravessavam, enquanto aprofundavam seus estudos sobre feminismo(s) negro(s). Assim, os próximos meses se transformaram em um estopim para que a união com essas mulheres me borrifasse com motivação, coragem e desejo de mudança.

Entendi que era hora de sair daquele estado. Da depressão, da subsaúde etc. Comecei a ler todo o material enviado pela condutora responsável e a produzir textos que dialogassem com tudo o que aprendia. Esse processo de aproximação dos diversos saberes com a academia, para mim, que estava distante dela desde o fim da graduação, em 2014, foi marcante para a decisão que tomei de voltar aos estudos acadêmicos. Assim, cheguei ao mestrado em Relações Étnico-Raciais do Cefet-RJ, em maio de 2018.

As percepções diárias a respeito da disparidade de oportunidades entre negros e não negros; a subvida a que estão presas muitas mulheres negras na sociedade brasileira; a permanente naturalização da presença de negras e negros nos lugares subalternizados; o fato de andar, habitar e observar severamente a cidade e o estado onde vivo me trouxeram até aqui e me trazem o desejo de dividir esta obra.

Atenta aos estudos de raça, gênero e classe (DAVIS, 2016), à forma com que os eixos de opressão atingem mais fortemente as mulheres negras em seus processos relacionais, observando como a sociedade brasileira trata essa parcela da população; a que qualidade de vida ela tem direito; sua leitura da sociedade atual e sua autoavaliação, procuro forçar a abertura das portas que ainda se encontram fechadas para esse coletivo, demarcando meu lugar de luta para a mudança desse panorama de invisibilidade e dominação.

Como professora de Língua Portuguesa, procuro compreender de que forma ela ratifica a reprodução de desigualdades, de que forma o poder que oprime esses milhões de corpos e os categoriza pela cor da pele, jogando-os em um mundo de crueldades, encontra no discurso (e também na escrita) um poderoso apoio para a manutenção das discriminações e do racismo estrutural que nos atinge.

Como estudiosa da literatura – que é a arte que possui como instrumento a palavra e sua relação com nossa visão de mundo, com as intertextualidades que ela nos permite, fixada na certeza de que a produção de histórias nos proporciona revisitar nossa formação e os processos dolorosos que a compuseram –, escolhi, por meio da investigação e da análise de histórias narradas pelas mulheres negras participantes deste livro, tornar visíveis e dizíveis algumas das práticas racistas, as quais terminam por estabelecer entraves à vida dessas pessoas.

Não há possibilidade de desmantelar o imaginário brasileiro a respeito da inferioridade da mulher negra, de repensar como a literatura construiu essa imagem de "mulher", ressignificar suas características e oferecer-lhe oportunidades reais de mudança e fortalecimento se não pudermos compreender cientificamente como esse imaginário foi (e é) construído.

Empreender pesquisas nas áreas da Linguística Aplicada, da Literatura, da Antropologia, da Sociologia, dos Estudos de Gênero, dos Estudos Feministas – campos que acabam tendo na linguagem um lugar central – é uma ação mais do que urgente para neutralizar a ação do racismo na vida dessas mulheres.

Trabalhar na descolonização da linguagem e da fala, resgatar ou contribuir para a autoestima das mulheres negras, fomentar discussões para a conscientização da violência infligida a elas, provocar mudança de seus lugares sociais, estudar como se dão essas construções e pensamentos inferiorizantes no imaginário social e as feridas que eles causam e analisar a maneira como nós os introjetamos e difundimos são os objetivos deste trabalho. Ele se dá junto à tentativa de oferecer a cada uma de nós a chance de reconceitualizar nossas relações, minando a grande máquina de formação e manutenção das diferenças: o racismo.

Como apresentar este trabalho de modo que fique dizível e visível o lugar de episteme das mulheres negras? Antes de mais nada, utilizo-me do termo *sujeita*, presente em trabalhos anteriores de diversas áreas (BARROS; MENEZES, 2014; ELY; CHECHINEL; CAMARGO, 2010; HARDY *et al.*, 2002). Utilizo-o, no singular ou no plural, a fim de me referir às mulheres participantes, doravante citadas como "narradoras" das histórias, propondo uma abertura para que o termo seja usado no feminino, a fim de oferecer à língua uma forma escrita mais igualitária sob a perspectiva de gênero e demarcar a ótica feminina que atravessa este trabalho.

No Brasil, a velha pirâmide econômica que evidencia que lugar ocupa o negro na sociedade continua sendo atualizada e reatualizada, porém determinadas categorias permanecem estagnadas no mesmo local. É o caso das mulheres negras, a que o racismo estrutural atinge ainda mais, determinando que seus salários, suas oportunidades de emprego, seu direito à saúde, sua expectativa de vida, seu poder de compra etc. serão sempre menores do que os dos homens e mulheres brancos e dos homens negros (ALMEIDA, 2018a, 2018b).

Esse preterimento relacionado às mulheres negras precisa ser lido de diversas formas e com diversas nuances, porque tem ligação com processos histórico-sociais que se utilizam dos eixos de opressão: raça, gênero e classe, entre outros, para manter essas mulheres à margem na sociedade da descartabilidade. Ainda hoje, as mulheres negras seguem exigindo igualdade em agendas que continuam privilegiando somente as mulheres brancas.

Segundo o dossiê sobre a situação dos direitos humanos das mulheres negras no Brasil (WERNECK; IRACI, 2016), elas são pouquíssimas na política, em posições de comando ou decisão, no parlamento, na Câmara e no Senado, atingindo menos de 5% nessas posições e menos de 1% nas diretorias das 500 maiores empresas no Brasil (dados de 2010). Sabemos que quase não as vemos nas profissões/áreas de prestígio como Medicina, Direito e Engenharia, por exemplo, e isso nos ajuda a compreender a urgência de políticas públicas que reduzam essas disparidades.

A luta das mulheres negras não é somente para a melhoria de condições; é também para se tornarem pessoas visíveis, já que, mesmo sendo por volta de 52% da população feminina desse país e quase 28% da população brasileira em geral (MARCONDES *et al.*, 2013), elas permanecem como a maior categoria em situação de pobreza. São 67% das mulheres em situação de encarceramento (duas a cada três mulheres são negras) (MOURA; RIBEIRO, 2014) e 68,8% das mulheres mortas por agressão no país, segundo o Mapa da Violência (WAISELFISZ, 2015).

Muitas dessas situações, descritas a partir de inúmeros documentos que têm ressaltado as condições de vida das mulheres negras, podem ser sintetizadas na fala de uma das interlocutoras da pesquisa:

> Ser mulher negra na nossa sociedade é ser uma eterna clandestina no seu próprio país. Mas, ao mesmo, tempo, acredito na força que temos.Tenho muitas feridas abertas no meu corpo negro provocado por essa sociedade que me trata como um lixo descartável. Desde muito jovem venho lutando para ter uma condição de vida melhor, porém essa luta tem sido árdua

e apenas sobrevivo. Para essa sociedade racista, o que me cabe são sempre trabalhos desprestigiados e de baixo rendimento. (Fragmentos da narrativa de Célie)

O fragmento anterior possibilita inúmeras reflexões que têm a ver com um dos aspectos abordados nesta pesquisa: "ser clandestina no seu próprio país", aspecto que remete a uma ideia de falta de comunidade e pertencimento, como se este país não reconhecesse os lugares de negros e negras como fundantes da nação. "Tenho muitas feridas abertas no meu corpo" remete à ideia central deste trabalho (a ferida colonial) e "essa sociedade que me trata como um lixo descartável" aborda com contundência a brilhante análise de Lélia Gonzalez (1984), em *Racismo e sexismo na cultura brasileira*, sobre negros(as) estarem situados(as), muitas vezes, na lata de lixo da sociedade, enquanto trabalham para, a partir do reconhecimento desse lugar que tem sido imposto a cada um, ressignificar sua existência.

O desejo da fala, do protagonismo, da emancipação socioeconômica acompanha a luta pela igualdade. E, se estamos na lata de lixo, é de lá que faremos nossa tomada de poder: "O lixo vai falar... e numa boa!" (GONZALEZ, 1984).

Percursos metodológicos – entre becos e vielas – construindo possibilidades

Já contei sobre parte de minha história, necessariamente aquela que me trouxe à escrita da dissertação que se transforma em livro. Agora vou contar como se deu a ideia de construir um trabalho utilizando um grupo de mulheres que viriam a narrar um pouco de suas histórias, a fim de discutir seus próprios lugares nessa sociedade.

A ideia de convidar algumas mulheres para contar suas histórias veio de uma necessidade que tenho e de uma observação feita ao longo desses anos sobre o quanto nossa memória carrega dados e acontecimentos importantes, os quais temos poucas oportunidades de acessar. No ato de contar, de narrar o vivido, está a possibilidade da pessoa afrodiaspórica refletir e aprender a viver com aquilo que não "sobrou ao incêndio" (MBEMBE, 2019).

Pensei, desde o início, que gostaria de poder entender melhor quais sentimentos poderiam perpassar as experiências das mulheres negras, quais as visões elas teriam sobre si e sobre como seus corpos se constituem nas relações sociais que constroem, como a sociedade de que fazem parte as vê e de que forma a vida delas é ou não afetada pelas questões raciais existentes em nosso país.

Vivi e vivo muitas histórias que precisariam ser contadas; outras, ouço e vejo. Algumas delas chegaram até mim pelas próprias participantes desse grupo de narradoras. E esse foi o meu caminho. As mulheres negras é quem devem dizer o que as sufoca, o que as paralisa, o que as motiva, o que produz prazer nelas etc.

Observando que diversas vezes essas mulheres passaram por entraves quando lhes foi necessário utilizar-se de seus direitos, sugeri que cada uma delas pudesse escrever parte de suas histórias. Cada uma delas chegou até mim e eu a elas por um encontro de amizade ou através de um amigo(a)/parente que nos apresentou. Remexer nossas histórias pode parecer tranquilo em alguns casos, mas sem dúvida é íntimo.

Foi a partir dessa inquietação que fui construindo, como percurso metodológico, o estudo de histórias cotidianas, em que essas mulheres pudessem falar de si mesmas, pudessem construir narrativas sobre si: narrativas autobiográficas que tornassem visíveis as experiências epidermorraciais.

Nossas narradoras – Escrevivências

Esta obra pretende explicitar a necessidade de, através das vozes cultural e historicamente emudecidas das mulheres negras (em nosso caso, as brasileiras), romper com um histórico de invisibilização e apagamento dessas personagens no tocante à utilização de seus conceitos, opiniões e demais participações na sociedade. As filosofias, o pensamento que advém dos povos colonizados, os quais passaram ou ainda passam por situações de dominação há tempos, já aportam seus ensinamentos para a definição de um outro mundo, em que caibam as perspectivas e o *logos* das civilizações ditas subjugadas.

Nesse sentido, as vozes das mulheres negras, o compartilhamento de suas histórias, sua escrita e o poder dizer-se em primeira pessoa têm um papel decisivo na descolonização dos pensamentos e no reconhecimento de seus saberes como construção de conhecimento (GONZALEZ, 1984; CARNEIRO, 2011; RIBEIRO, 2018; KILOMBA, 2019).

As mulheres narradoras das histórias, as quais trazem sentido e veracidade a este trabalho, contaram partes da vida delas, fragmentos de momentos e situações por que passaram ou que passaram diante delas, fazendo com que muitas vezes se sentissem impotentes, invisíveis, desrespeitadas, ultrajadas, inferiorizadas, preteridas. Narrar suas histórias e seus percursos em direção ao hoje e produzir material teórico são formas de responder, a qualquer tempo, àqueles que as subestimaram e depreciaram, mas também uma forma de produzir conhecimento na área das relações étnico-raciais e nas demais áreas que estudam a organização e a composição dessas mulheres outrora invisibilizadas.

A essa produção escrita das mulheres negras que reúne esses e mais fatores, podemos chamar de escrevivência – conceito desenvolvido por Conceição Evaristo (1996) quando da construção de sua dissertação de mestrado. Pensando na mulher negra que ainda hoje é impedida de falar, tenho o compromisso de trazer relevo ao indizível, engrossar "as vozes mudas, caladas, engasgadas nas gargantas...", como aponta o belíssimo poema "Vozes-mulheres", da autora.

O movimento da escrita pode trazer cada uma de nós, mulheres negras, para o epicentro de nossas vidas e em direção à criação de um novo mundo:

Vozes-mulheres
A voz de minha bisavó
ecoou criança
nos porões do navio.
Ecoou lamentos
de uma infância perdida.

A voz de minha avó
ecoou obediência
aos brancos-donos de tudo.

A voz de minha mãe
ecoou baixinho revolta
no fundo das cozinhas alheias
debaixo das trouxas
roupagens sujas dos brancos
pelo caminho empoeirado
rumo à favela

A minha voz ainda
ecoa versos perplexos

com rimas de sangue
e
fome.

A voz de minha filha
recolhe todas as nossas vozes
recolhe em si
as vozes mudas caladas
engasgadas nas gargantas.

A voz de minha filha
recolhe em si
a fala e o ato.
O ontem – o hoje – o agora.
Na voz de minha filha
se fará ouvir a ressonância
O eco da vida-liberdade.
(EVARISTO, 2017, pp. 24-25)

Este trabalho começou com uma lista inicial que continha um número razoável de mulheres a quem eu convidaria para narrar suas histórias, motivadas por perguntas enviadas por mim, atendendo ao tema principal de que trata esta pesquisa – o racismo. As narradoras responderiam a essas perguntas, contando histórias por que passaram ou de que se lembravam, mesmo que não tivessem acontecido com elas mesmas.

Para que eu pudesse aprofundar as análises dessas narrativas, para que as participantes tivessem tempo hábil para escrever, para que não lhes parecesse chato ou maçante esse dialogar com suas memórias e eu pudesse enveredar pelos caminhos a que a linguagem nos levaria diante dessas produções realizadas por elas, sete seria um número de mulheres bastante expressivo e possível de se trabalhar.

Nesta pesquisa, o roteiro de trabalho com as narrativas acompanhou uma rotina pensada por mim com os objetivos de: 1) manter uma distância apropriada para que as narradoras não se sentissem pressionadas a escrever pela minha presença; 2) sugerir uma escrita pautada no "reavivamento" das memórias, primando pelo tempo não regular, pela concentração e pela tranquilidade para a produção dessas histórias; 3) criar uma atmosfera de confiança, para que as sujeitas desse trabalho se sentissem à vontade para contar suas histórias.

A escolha dessas sete participantes se deu, em primeiro lugar, pelo fato de todas serem mulheres negras. Todas habitam meu círculo de amizades. Essa é a ideia de uma pesquisa *in-munda* e que se apresenta legitimada exatamente por produzir empatia e envolvimento com as sujeitas que narram suas experiências (que, por vezes, são também as minhas). Sobre esse perfil de pesquisa, que tem como participantes pessoas próximas, as "*study-up*", Grada Kilomba afirma:

> Em um *study-up*, pesquisadoras/es investigam membros de seu próprio grupo social, ou pessoas de *status* similares, como forma de retificar a reprodução constante do *status quo* dentro da produção de conhecimento. Fazer pesquisa entre iguais tem sido fortemente encorajado por feministas, por representar as condições ideais para relações não hierárquicas entre pesquisadoras/es e informantes, ou seja, onde há experiências compartilhadas, igualdade social e envolvimento com a problemática. (KILOMBA, 2019, p. 82-83)

Todas foram informadas, em termo de livre consentimento enviado por e-mail, de que poderiam escolher como seriam chamadas durante a apresentação do trabalho, se divulgariam ou não suas identidades ou se preferiam somente suas iniciais antes das narrativas. No questionário enviado (o roteiro de perguntas apresentado adiante), as participantes foram direcionadas a compor uma minibiografia contendo os dados que GOSTARIAM de dispor a respeito de si, de onde retirei informações relevantes sobre cada uma delas, a fim de possibilitar maior compreensão sobre quem são essas sujeitas.

Por meio de um roteiro simples, utilizando uma pergunta disparadora e outras seis que foram enviadas por e-mail fui construindo os diálogos entre as vozes dos teóricos trazidos para a pesquisa e as das mulheres produtoras das narrativas em seus testemunhos de vida e relatos de eventos raciais, utilizando, para isso, associações livres que permitiram construir um *em-comum*, a partir das diferentes narrativas.

As perguntas foram as seguintes:
- Pergunta-base: O QUE VOCÊ PENSA SOBRE O RACISMO?
- Conte alguma(s) experiência(s) pessoal(is) que você tenha entendido como racismo.
- Como você se vê sendo mulher negra em nossa sociedade?
- Como costuma ser tratada, nos ambientes em que está, pelas pessoas que não são negras?
- O que significa, para você, Feminismo Negro?
- O que significa, para você, "se sentir realizada"?
- Como se sentiu ao contar suas histórias?

Com o objetivo de proteger suas identidades, opto por utilizar para todas as participantes um nome fictício remetendo a personagens importantes da literatura afro-americana e afro-brasileira, bem como o nome de algumas mulheres reais de alta relevância para os movimentos de mulheres negras.

A primeira de quem falarei é Célie. De todas as sete, ela é quem conheço há mais tempo. Estudamos juntas num mesmo pré-vestibular comunitário e temos uma relação de amizade. Célie se apresentou neste trabalho da seguinte forma (omitidas informações que permitam identificar a narradora): "Sou natural de [...], 54 anos de idade, solteira, sem filhos, residente em [...]. Graduada em Serviço Social pela [...]."

A história que precede o nome: Célie é a protagonista do premiado romance *A cor púrpura*, da afro-americana Alice Walker (2009). A personagem vive uma saga de dificuldades, maus-tratos, estupros e outras atrocidades quando é entregue ao casamento com o "vilão" Albert. Grande parte da trama é dedicada à separação que se dá entre ela e sua irmã Nettie, que lhe escreve cartas por anos e anos. A escolha em trazer esse nome para uma das narradoras foi feita pela trajetória de sofrimento e dor por que passa Célie, principalmente porque a protagonista constrói um futuro de vitórias e reconhecimento.

Logo depois, temos Ponciá, assistente social, 38 anos, cristã, nascida e criada na Baixada Fluminense, moradora da Zona Norte do Rio e sem filhos. É esposa de um amigo, e visito com certa frequência a casa dos dois; nos tornamos amigas por causa disso.

A história que precede o nome: *Ponciá Vicêncio* é um romance homônimo da escritora afro-brasileira Conceição Evaristo (2017b). A protagonista se casa relativamente jovem com um homem que não a compreende e a agride. A trama relata diversos momentos em que Ponciá observa e vive a herança da época do Brasil Colônia, em que sua mãe, seu pai e seu avô mais próximo tiveram contato direto com o racismo, a extrema pobreza e as mais diferentes desigualdades. A protagonista tem longos e fortes momentos de ausência, e esse fato, junto à sua ligação com a ancestralidade, pode ser a chave para compreender de que trata o romance.

Chica, uma outra interlocutora, é uma de minhas amigas mais próximas, como Célie. A respeito de si, diz:

> Nasci em 1975. Minha mãe, na juventude, foi trabalhadora doméstica e, na sua família, sou da primeira geração a frequentar a universidade. Meu genitor, nascido e criado na praia do Pinto, uma comunidade que sofreu também um processo de remoção da Zona Sul na década de 1960, foi o primeiro de sua família a entrar na universidade, onde se formou em Engenharia. Eles se separaram quando eu tinha 4 anos de idade e, quando eu tinha 10, minha mãe casou-se com meu pai do coração, e permaneceram casados até que ela falecesse, em 2011. Sou formada em Letras e faço mestrado [...] nessa área, mas meu emprego regular é na Justiça estadual, embora exerça também o ofício da tradução. Sou solteira, sem filhos, bissexual, aquariana e umbandista.

A história que precede o nome: Chica da Silva é o nome mais conhecido de Francisca da Silva, mulher negra de pele clara (chamada de parda) que, nascida escravizada, tornou-se esposa do desembargador/contratador João Fernandes, no Arraial do Tejuco, por volta de 1753 (FURTADO, 2003). Foi alforriada pelo contratador, com quem teve 13 filhos, todos reconhecidos como herdeiros pelo pai. Apesar de nunca ter podido "casar na igreja" com o esposo, usava seu sobrenome e ficou conhecida pelo grande poder que ostentava, agindo como qualquer outra mulher da elite local.

Buscou e conseguiu a legitimidade de sua relação, amplamente cumpliciada com o esposo. Utilizou-se brilhantemente do conhecimento que sua relação com João Fernandes lhe possibilitava e buscou, com a permanência em diversas irmandades, o respeito e o reconhecimento de sua posição. Chica preocupou-se com a ascensão social de cada um de seus filhos, dando-lhes bons estudos e bons casamentos às meninas.

Sofia é a mais velha de nossas narradoras. Escreveu sua minibiografia contando sobre seus 67 anos, sobre ser funcionária pública e ter dois filhos. Mora num bairro da Zona Norte do Rio de Janeiro.

A história que precede o nome: Sofia é também uma personagem de *A cor púrpura*, romance já descrito linhas atrás. A personagem é uma mulher bastante combativa, e na trama descreve-se que ela agride constantemente o marido Harpo. Mulher que "não leva desaforos pra casa", Sofia é de uma época de recém-liberdade dos negros nos Estados Unidos, porém a participação política e social ainda lhes é completamente negada. Sofia luta por seus direitos e de seus filhos, mas, por sua "insolência" contra uma madame branca, fica presa durante anos e sai totalmente modificada pela brutalidade do encarceramento.

Ginga é o nome escolhido para nossa quinta narradora. Nós nos conhecemos participando de um grupo jovem da Igreja Católica, lá pelos anos 2000. É de uma família negra. Seu pai, sua mãe e sua irmã são negros. Tem 35 anos, é casada, mãe, negra, brasileira e moradora de um bairro do Centro do Rio de Janeiro.

A história que precede o nome: Nzinga Mbandi Ngola Kiluanji é a nossa Ginga, como no romance de José Eduardo Agualusa (2015), escritor angolano que teceu a história da rainha dos povos bantos do Congo, especificamente no Reino da Matamba. Ginga, ou Nzinga, na grafia banta, foi uma mulher impressionantemente corajosa que, ainda bem jovem, disputou o reino com seu irmão mais velho, o qual assassinou o próprio sobrinho para lhe ofender.

Ginga arquitetava planos incríveis para capturar portugueses que procuravam escravos em suas terras, matava os traficantes, castigava os traidores e defendia seu povo com intensa bravura. Inicialmente, a rainha tentava negociar a paz com os invasores portugueses cumpliciados com seu irmão. Mais tarde, com sua conhecida mente brilhante e seu raciocínio sofisticado, ela tentou impedir a procura de escravos em terras angolanas, em troca de se converter ao cristianismo. Foi traída, mas lutou bravamente para destruir os sequestradores e seu próprio irmão. Exímia negociante, comandou diversos quilombos que podem ter servido de referência para os nossos, aqui no Brasil. Faleceu em 1663, quando tinha 82 anos.

Luiza, nossa outra interlocutora, é cantora. Assim, simples e suscinta, ela se apresenta. Somos amigas. Por sua atuação e sua ligação com as questões da afrobrasilidade, convidei-a para participar.

A história que precede o nome: Luiza Mahin, africana guerreira, além de sua herança de luta, deixou-nos seu filho, Luiz Gama, poeta e abolicionista. Pertencia à etnia jeje e foi transportada para o Brasil como escravizada. Outros se referem a ela como sendo natural da Bahia e tendo nascido livre por volta de 1812. O pai de Luiz Gama era português e vendeu o próprio filho, aos 10 anos de idade, por dívida, a um traficante de escravizados, que o levou para Santos.

Luiza Mahin foi uma mulher inteligente e rebelde. Sua casa tornou-se quartel-general das principais revoltas negras que ocorreram em Salvador, em meados do século XIX. Participou da Revolta dos Malês - maior insurreição de escravos da história do Brasil - ocorrida na capital baiana em 1835. Luiza conseguiu escapar da violenta repressão desencadeada pelo governo da província e partiu para o Rio de Janeiro. Luiz Gama escreveu sobre sua mãe:

> Sou filho natural de uma negra, africana livre, da Costa Mina (Nagô de Nação), de nome Luiza Mahin, pagã, que sempre recusou o batismo e a doutrina cristã.
>
> Minha mãe era baixa de estatura, magra, bonita, a cor era de um preto retinto e sem lustro, tinha os dentes alvíssimos como a neve, era muito altiva, generosa, insofrida e vingativa.
>
> Dava-se ao comércio – era quitandeira, muito laboriosa [...]. (GAMA, 2022)

Zica é a última de nossas interlocutoras. Última que se incorporou ao grupo e a última a quem conheci. Tem 30 anos, trabalha como assistente de administração e é moradora de um bairro da Zona Norte do Rio de Janeiro.

A história que precede o nome: Zica, ou Dona Zica (BRASIL, 2023), como era conhecida no morro da Mangueira e para todos, era o nome carinhoso e apelido de Euzébia Silva do Nascimento, nascida em 1913. Eu tive o prazer de conhecê-la por volta dos anos 1990, quando ainda fazia parte do grupo jovem de uma igreja na Zona Norte do Rio de Janeiro.

Através do mesmo grupo, toquei bateria em sua missa de sétimo dia, evento marcado pela enorme emoção que tomava conta dos presentes à quadra da Escola de Samba Estação Primeira de Mangueira. Dona Zica teve grande importância no cenário cultural e musical do Rio de Janeiro e foi esposa de Cartola e seu braço direito, investindo muitas vezes nos cuidados à saúde do cantor e compositor por causa da bebida. Moraram juntos por 16 anos.

Antes Dona Zica havia sido casada com um homem gastador e boêmio, a quem colocou para fora de casa ao perceber sua inutilidade. Sempre trabalhou. Lavava, passava, limpava e passou a cozinheira de restaurante por anos, até ter que cuidar da saúde de sua filha mais velha, que necessitava de sua presença. Daí, voltou a passar e lavar para fora. Teve grande relevância ao proporcionar encontros dos grandes músicos da época. Inaugurou o Zicartola, restaurante bastante famoso à rua da Carioca. Faleceu em 2003.

Após a apresentação das participantes da pesquisa e em relação às que contam, aponto a necessidade de demarcar que discordo e rejeito qualquer tipo de reforço ou ratificação do imaginário brasileiro que ainda insiste em mostrar a mulher negra como um ser que sucumbiu aos traumas infligidos. O que se espera extravasar, dessas páginas e no conteúdo dessas narrativas, é a força estratégica, a inteligência, a capacidade de reorganização e resposta das mulheres negras em seus exemplos de reexistência e reconfiguração dos processos de vida que são marcados e atravessados por práticas racistas, evidenciando uma agência ativa.

Desse modo, através da investigação de vestígios (EVARISTO, 2015) suscitados pela memória negro-feminina, analisei diversas narrativas produzidas pelas sujeitas negras participantes deste trabalho, doravante nomeadas "narradoras", com o objetivo de tornar visíveis e dizíveis as formas de racismo que ainda imperam na sociedade brasileira, na relação entre raça e gênero, tendo como elemento central os saberes que advêm dessas mulheres como escopo analítico.

Esta pesquisa consiste em suscitar relatos da experiência vivida por cada uma delas; as participantes devem "escrever" suas memórias, religando passado e presente, observando a si mesmas em busca de histórias que contem sobre as práticas racistas de nossa sociedade e que possam ter causado feridas e processos traumáticos, ratificando, normalizando ou naturalizando a condição de invisibilidade e inferioridade que atinge as mulheres negras. É de grande interesse e rigor epistemológico nos debruçarmos sobre a investigação dos mecanismos de reconstrução que emanam de um fazer negro-feminino.

Para tanto, utilizo-me do conceito de Escrevivência (EVARISTO, 1996), a fim de refletir sobre o texto de autoria das mulheres negras, visando semantizar um novo movimento, aquele que abriga todas as suas lutas (EVARISTO, 2005), enquanto analiso as produções escritas, também nomeadas narrativas autobiográficas (FERREIRA, 2015), também pelo viés da escrita de si como testemunho de vida. Isso porque a sujeita da pesquisa, ao narrar-se, pode materializar seu passado, permitindo a si a chance de reconstituir acontecimentos, ou ainda reconstruir a si, operando na reconstrução de sua coletividade (SILVA; SILVA, 2018).

É sobre isto que a presente pesquisa deseja falar: a mulher negra. Aquela que tem nome e sobrenome (GONZALEZ, 1984). O objetivo é, a partir dessas experiências corporificadas, perceber como as práticas racistas vão sendo introjetadas, rejeitadas e conjuradas através de diferentes processos e de respostas ativas ao racismo.

Por fim, apresentamos a obra da seguinte forma: no capítulo 1, que chamo de "Histórias para adormecer o mundo", reflito sobre a criação da raça como categoria social, ainda que fantasmática (MBEMBE, 2018), situando historicamente suas acepções, junto à sua criação, a fim de justificar e legitimar o racismo como ideologia (ALMEIDA, 2018a, 2018b; COATES, 2015).

Tem como cerne o debate acerca de como e por que as sociedades foram se organizando dentro de uma estrutura racista, multiplicando os processos coloniais e reconfigurando-os na modernidade. Aqui, discuto os processos de criação do sujeito intitulado "negro(a)" e os processos de intervenção, inferiorização e exclusão a que ele(a) foi submetido, principalmente na sociedade brasileira. A necessidade de construção desse capítulo se justifica na medida em que discutir os processos traumáticos que perpassam as práticas racistas é indissociável da produção da raça enquanto categoria ficcional classificatória e hierarquizante.

No segundo capítulo, me dedico a discutir o lugar da mulher negra no Brasil, como essa categoria foi construída, de que forma os eixos de opressão raça, classe e gênero (e outros) (DAVIS, 2016; HOOKS, 2019) afetam a vida dessas pessoas e as expõem de maneira singular aos efeitos traumáticos do racismo, enquanto determinam sua posição de inferioridade diante dos outros indivíduos integrantes da sociedade.

Ainda dentro da perspectiva feminina, visito a teoria feminista negra, a fim de refletir sobre os direitos conquistados (ou não) pelas mulheres negras, suas lutas através dos tempos e as estratégias de resistência para alcançar seu bem-viver. Ainda nesse capítulo, falo sobre as narrativas autobiográficas produzidas pelas participantes desta pesquisa como narradoras, mostrando como o processo de escrita e narração de histórias de vida pode produzir construção de identidades plenas, atuando também na reconstrução de suas personalidades e numa conscientização a respeito das lutas necessárias para a constituição da igualdade.

No capítulo 3, trago o debate sobre branquidade, trauma, memória e vestígios. Analiso as narrativas das sujeitas da pesquisa, as práticas racistas apontadas, os efeitos, sintomas e feridas causadas pela perversidade do Racismo. Observo como nossas narradoras veem e analisam os entraves por que passaram, bem como trago a ideia de reexistência, a fim de colocar a possibilidade de reconfiguração de um existir por meio de investigação das memórias e vestígios que poderão surgir no exercício de narrar.

A ideia de trabalhar as ruínas, mas também as resistências de cada participante pretende oferecer o início de um estudo continuado a respeito de relatos de experiência pessoal como possibilidade de reconceitualização do mundo à nossa volta e como recondicionamento de nossa prática social.

CAPÍTULO 1
HISTÓRIAS PARA ADORMECER O MUNDO

Falar sobre raça como uma categoria só é possível se fizermos uma análise dos contextos históricos em que ela aparece como categoria analítica. O que talvez seja o único consenso entre os estudiosos é que sua finalidade é a divisão de seres e sua organização em tipos e subtipos. Nesse sentido, no contexto desta pesquisa e na medida em que os traumas, as memórias e os vestígios das práticas racistas constituem o cerne do trabalho, é imprescindível falar na ficção racial. É sobre isso que versa este primeiro capítulo.

As mais atuais correntes apontam a raça como construção da modernidade (ALMEIDA, 2018a, 2018b; BETHENCOURT, 2017; FOUCAULT, 1999; MBEMBE, 2018). No contexto do positivismo, a Biologia foi a primeira ciência a necessitar de um esquema de categorização dos animais, e utilizou-se dessa definição compondo diversas teorias deterministas a fim de "catalogar" os seres vivos e cada uma das espécies, dividindo-as em superiores e inferiores.

Já na área da linguagem, no contexto social a raça começou a se mover como uma nomenclatura de divisão de sujeitos. Somente por volta do século XIX, principalmente quando falamos do Brasil, quando surgem a República e a necessidade de normatizar esse indivíduo representante da nação que se formava, a necessidade de construção de uma identidade nacional. Nosso país acabava de "sair" de um sistema econômico de base escravocrata, com a abolição recém-proclamada, e era uma terra essencialmente agrária. Como estabilizar essa economia, mantendo as regalias dos mais abastados, já que não haveria mais forma de sustentar o comércio de humanos escravizados que trabalhassem para essa elite? Como construir um país? Quem seria o povo desse país? Quem teria direito a viver nele? (ALMEIDA, 2018a, 2018b).

No processo de resposta a essas perguntas, foi criada a raça no sentido intelectual e prático. A hierarquia a que essa categoria obedeceria foi sendo forjada com o passar dos anos e construída de acordo com a necessidade de poder e com que grupo da sociedade o detinha. A necessidade de construir seres que não teriam direito a compartilhar do espaço dessa terra, das riquezas que ela produzisse e de inserir o Brasil na corrida rumo ao capital forjou a necessidade de pensar em seres superiores e inferiores, bem como justificar essas diferenças para manter o domínio das classes privilegiadas – entenda-se brancas.

A invenção da raça foi a grande história contada e que adormeceu o mundo. Digo isso remontando a um tempo importante de nossa história, em que as mulheres negras foram escravizadas pelos senhores de engenho, que destinavam algumas delas para a contação de histórias para seus herdeiros com a finalidade de adormecê-los. A invenção da raça ainda funciona como história que adormece e torna omisso o indivíduo branco, enquanto entorpece o(a) negro(a).

Diante de tal invenção, iniciamos uma paranoia sem fim, elegendo seres a quem se destinaria todo o ódio do mundo e a quem todos os entraves seriam infligidos em nome do poder. O indivíduo branco centrou-se em sua própria existência e a convencionou como válida, legítima, enquanto destituiu o negro de sua identidade. Ambos foram vivendo como hipnotizados por uma relação de ódio e segregação que persiste até hoje e ainda os mantêm em *apartheids* físicos e mentais. O branco, adormecido em sua brancura, ainda inferioriza o negro. Ambos continuam dormindo o sono da injustiça e da neurose, como que paralisados pela fobia racial.

O nome deste capítulo faz alusão à obra do camaronês Achille Mbembe (2014), *Sair da grande noite*, enquanto dialoga com a fala da escritora afro-brasileira Conceição

Evaristo (2005b) que, no seminário Mulher e Literatura do ano de 2003, afirmou: "A nossa escrevivência não pode ser lida como história de ninar os da casa-grande, e sim para acordá-los de seus sonos injustos."

Tanto na obra citada quanto na sentença de Evaristo, temos fissuras que nos apresentam a ideia de que a história das relações raciais pelo mundo é também a história de uma grande farsa inventada, uma efabulação, um conto nada de fadas que adormeceu a humanidade, sustando-a (MBEMBE, 2018), enquanto as identidades se constroem dentro da lógica cruel da alienação do outro.

A ideia de uma África descolonizada (presente na obra citada há pouco de Achille Mbembe, *Sair da grande noite*) nos inspira o desejo de um mundo descolonizado, de um Brasil descolonizado. A grande noite do mundo de que fala Mbembe (que é de inspiração fanoniana) pode ser essa febre, essa fobia advinda de racializar o mundo e colocar sobre esse prisma todas as relações e construtos sociais. Pode ser o momento que antecede o "despertar" desse sono infame que afundou a sociedade brasileira, como qualquer outra, mesmo de forma divergente, na desumanização.

Esse "sono" se tornou uma grande ilusão, que apreendeu uma humanidade inteira numa atmosfera densa de medo e violência. As diferenças entre os seres e suas características físicas (e mentais) foram obedecendo à lógica do pensamento dos que determinaram a si próprios uma cor (a branca) – os europeus –; e assim foram formando o pensamento de diversos povos e de suas sociedades estabelecidas ao longo dos tempos, como observa Ta-Nehisi Coates (2015), ao se referir aos *americanos*:

> Os americanos acreditam na realidade da "raça" como uma característica definida, indubitável, do mundo natural. O racismo

– a necessidade de atribuir características profundamente inerentes às pessoas e depois humilhá-las, diminuí-las e destruí-las – é a consequência inevitável dessa condição inalterável [...]. Mas a raça é filha do racismo, e não sua mãe [...]. Diferenças de cor de pele e de cabelo são antigas. Mas a crença na proeminência da cor e do cabelo, a noção de que esses fatores possam organizar a sociedade corretamente e de que significam atributos mais profundos, os quais são indeléveis, é a nova ideia que prevalece no âmago dessas novas pessoas que, de forma desesperançosa, trágica e ilusória, foram levadas a acreditar que são brancas. (COATES, 2015, p. 18-19)

Note-se que o termo *americano* aparece em itálico, pois, de acordo com minha linha de pensamento e estudo, "americano" se refere aos habitantes das Américas do Norte, Central e do Sul. O autor, creio, utiliza o termo para designar somente os habitantes dos EUA, país da América do Norte de que fala e povo a que faz referência na obra.

Retomando a formação e a autodeclaração do continente europeu como berço da humanidade e ponto de onde viriam as grandes ideias e fundamentos sobre a ciência e o pensamento, observamos a criação do sujeito negro como categoria imaginária na qual estariam presos aqueles que contrariassem a compreensão de "humano" idealizada pelos europeus.

Ao desembarcar na costa africana no século XV, esses europeus encontraram Estados com organizações sociais e políticas bastante sofisticadas. Os povos africanos já tinham a competência econômica para a manutenção e a divisão dos provimentos, o domínio da arte de curar doenças, as técnicas de arquitetura para a construção de diferentes e suntuosos palácios e templos, entretanto sua tecnologia bélica não era tão avançada. A África tinha e sabia produzir tudo de que precisava (MUNANGA, 2012), e o europeu se interessava pelo que os africanos possuíam, principalmente suas técnicas de arquitetura e sua mão de obra especializada na exploração de minérios.

Como exemplo desse momento cruel da escravização, trago uma experiência pessoal do ano de 2018, em visita à mina Jeje, um dos sítios históricos preservados no estado de Minas Gerais, especificamente em Ouro Preto. Tal cidade recebeu milhares de africanos escravizados para o trabalho na exploração dessas minas – e tive a oportunidade de percorrer os túneis delas, enquanto consultava os guias que trabalhavam levando os turistas para conhecer o espaço. Fiquei por quase uma hora num longo corredor claustrofóbico onde (explicavam os guias) ficavam, por vezes, centenas de pessoas escravizadas, retirando terra e minérios, entrando e saindo de túneis com pouco mais de um metro de largura.

Segundo o relato impressionante desses guias, os primeiros escravizados que abriram a picareta e demais instrumentos de escavação enormes túneis subterrâneos em busca de ouro para seus senhores eram as crianças. Sua baixa estatura permitia o acesso às pequenas aberturas, escavando incessantemente até que o tamanho do túnel permitisse o trabalho dos homens e mulheres adultos. Os guias chamavam a atenção para as histórias acerca da ausência de mulheres nesses espaços, corrigindo a historiografia oficial e contando o real motivo de não serem utilizadas como força de trabalho nas minas.

Essas mulheres por diversas vezes foram flagradas escondendo parte do ouro encontrado em seus cabelos, movimento que permitiria, por exemplo, a compra de sua liberdade. A historiografia popular recupera a imagem da mulher negra, desmentindo sua fraqueza ou sua inutilidade para o trabalho pesado, e visibiliza sua importância nas articulações para a sobrevivência da população escravizada.

Voltando à invasão dos europeus à costa africana, há que se pontuar também seu domínio sobre a tecnologia de guerra, o que lhes permitiu insuflar povos africanos uns contra os outros a fim de que, brigando entre si, fosse produzida a mão de obra perfeita de que precisavam com os cativos que eram entregues pelos que venciam as batalhas. Invadindo cidades, queimando e assaltando toda a riqueza que possuíam, assassinando e violentando os homens e mulheres negras que se revoltaram. Dessa forma, foi construída a história de vitórias e conquistas do continente europeu.

Uma melhor compreensão sobre como se deu esse "encontro" entre os europeus e os diversos povos africanos ao redor do mundo pode ser obtida na coleção *História geral da África*, da Unesco (2010). O canal da ONU Brasil no YouTube disponibiliza dois documentários sobre o tema: *A rota do escravo: uma visão global* (2015) e *A rota do escravo – a alma da resistência* (2013).

Assim iniciou-se o tráfico de seres escravizados e foi sendo difundido o processo de criação do negro e consequentemente da negra (guardando as singularidades dessa experiência), imaginado pelo recalque do europeu e que agora seguia sequestrado para o resto do mundo.

Todos já sabemos doss quase 400 anos de genocídio do povo negro. O que desejo discutir profundamente neste capítulo é a consciência do sujeito negro e da sujeita negra perante seus novos lugares no mundo. Pensar o "devir negro", o espírito enclausurado de que fala Achille Mbembe (2018) em *Crítica da razão negra*, o preto de quem a criança branca tem medo, achando que este vai comê-la, como relata Frantz Fanon (2008) em seu *Pele negra, máscaras brancas*, o corpo vulnerável que permanece nu ante os elementos do mundo, como denuncia Ta-Nehisi Coates (2015) em *Entre o mundo e eu*.

Esse(a) sujeito(a) negro(a) tem sido falado, moldado, dito, desdito e construído de diversas formas, por diversos povos, e todas as acepções, mesmo bem divergentes, apontam sempre para um ser negro que não possui uma humanidade "completa": é sempre um arremedo do branco, como diria Fanon (2008).

De que forma a composição desse ser padronizou o pensamento das diversas sociedades e povos, instituindo um ser e uma raça que estaria sempre no limiar da subcriação, um indivíduo que se configurasse como o "excedente" de que fala Mbembe?

> Enfim, a raça é uma das matérias-primas com as quais se fabricam a diferença e o excedente, isto é, uma espécie de vida que pode ser desperdiçada ou dispendida sem reservas. Pouco importa que ela não exista enquanto tal...[...] é e será sempre aquilo em cujo nome se operam cesuras no seio da sociedade, se estabelecem relações de tipo bélico, se regulam as relações coloniais, se distribuem e se aprisionam pessoas cuja vida e presença são consideradas sintomas de uma condição-limite e cujo pertencimento é contestado porque elas provêm, nas classificações vigentes, do excedente. (MBEMBE, 2018, p. 73)

Hoje, somos seres-produto dessa neurose coletiva. Todos nós, brancos e não brancos. E identificando os lugares que já foram amplamente destinados às mulheres e aos homens negros de toda a Terra é que este capítulo apresenta as discussões sobre a raça e o principal motivo de ter sido criada: para as práticas racistas. Mais uma vez, repito, "[...] a raça é a filha do racismo e não a sua mãe" (COATES, 2015, pp. 18-19).

1.1 Construindo o Outro

Se pararmos por um minuto e pensarmos no exato momento em que um determinado indivíduo pousou seus olhos em um outro, mas que esse não lhe era semelhante por qualquer característica física que este lhe apresentara, entenderemos o princípio da invenção do Outro, da qual tanto falam Freud, Lacan, Rimbaud e outros não negros que discutiram os arquétipos e as agendas existenciais.

O desejo de conhecimento e de "desvendar" a si e aos demais tem sido algo que movimenta a humanidade há tempos, porém, em contato com o que acena dessemelhante, o indivíduo, em vez de o admitir, o repele.

Pode parecer confuso, mas, para uma sociedade que se forma, será bastante natural delimitar seu grupo de iguais como um ser único, sendo que daí virá a compreensão de que todo aquele que for semelhante a mim será lido como eu sou lido. O Um será o EU, o individual, e este individual será o modelo, a referência, a matriz, o "protótipo" do Ser.

Mais tarde, no momento em que esse protótipo do Ser encontrar o dessemelhante, ele não saberá como chamá-lo, criando uma resposta à sociedade de que participa e a si mesmo, denominando-o como o OUTRO. Esse Outro será lido como o divergente, como o desencontro de si, o inverso, o díspar, o que renego em mim, uma espécie de "Eu-com-defeito".

Grada Kilomba (2019), em seu livro *Memórias da plantação: episódios do racismo cotidiano*, analisa, utilizando alguns conceitos da psicanálise, a criação desse Outro, junto à produção de um discurso que fabrica indivíduos a quem o mundo aprenderia a temer e odiar:

No racismo, a negação é usada para manter e legitimar estruturas violentas de exclusão racial: "Elas/es querem tomar o que é Nosso, por isso Elas/es têm de ser controladas/os". A informação original e elementar – "Estamos tomando o que é Delas/es" – é negada e projetada sobre a/o "Outra/o" – "elas/eles estão tomando o que é Nosso" – o sujeito negro torna-se então aquilo a que o sujeito branco não quer ser relacionado. Enquanto o sujeito negro se transforma em inimigo intrusivo, o branco torna-se a vítima compassiva, ou seja, o opressor torna-se oprimido e o oprimido, o tirano. (KILOMBA, 2019, p. 34)

Agora, como se fosse um exercício, pense no europeu que invade o continente africano em busca de riquezas e mão de obra. O primeiro encontro de quem se intitulou branco (COATES, 2015) com aquele que, para si, era uma unidade e lia esse ser que chegava como amostra de uma outra humanidade, mas não um igual. Eis o conflito primordial para a invenção do ser negro: o EU x o OUTRO.

O indivíduo africano, lido naquele momento como dissonante, passou a figurar, para o europeu, como ser que ele renegaria até a contemporaneidade, visto que, para si, o protótipo de ser deveria parecer consigo. Desse encontro em diante, facilmente foi instituído o africano como a mão de obra que poderia servir aos planos de expansão e conquista dos indivíduos provenientes da Europa.

No caminho da legitimação do tráfico dos africanos seria necessário adicionar a esses, tidos como "renegados", algumas características que permitissem ao resto do mundo categorizá-los como indivíduos que foram criados para servir, seres de uma raça permeada por um imaginário de imperfeição, inferioridade e animalização:

> [...] A noção de raça permitia representar as humanidades não europeias como se tivessem sido tocadas por um ser inferior. Seriam o reflexo depauperado do homem ideal, de quem estariam separadas por um intervalo de tempo intransponível, uma diferença praticamente insuperável. (MBEMBE, 2018, p. 42)

Assim, observamos a perversidade da Europa na invenção de um ser que carregasse toda a raiva e o desamor que o mundo sentiria pelo OUTRO apenas para que servisse de mercadoria no além-mar. Esta fabricou, daí em diante, um termo que designaria a inexistência desse outro. Surge, então, o termo NEGRO, o qual carregará em si todo significado que possa ratificar a condição de ameaça, segregação e exclusão, necessárias para a ascensão da Europa como supremacia mundial:

> Mas o negro não existe enquanto tal. Ele é constantemente produzido. Produzi-lo é gerar um vínculo social de sujeição e um corpo de extração, isto é, um corpo inteiramente exposto à vontade de um senhor e do qual nos esforçamos para obter o máximo de rendimento. (MBEMBE, 2018, p. 42)

Oferecendo aqui uma pequena análise da semântica em que foi diluída e misturada a palavra negro – e, consequentemente, negra –, a partir de outros elementos agregados e interseccionalizados como uma certa ausência de ser considerada uma mulher – e também um negro –, pensemos juntos:

Em nosso processo de aquisição da linguagem, logo aprendemos que o ato de falar, transmutado na ação de "dizer", nos confere a compreensão de que emitir a sentença "Eu sou" dá a cada um de nós a certeza de que existe e se configura em alguém pertencente a este mundo e, automaticamente, à sociedade em que se vive.

Nos momentos de crise existencial do indivíduo, tornou-se comum ouvirmos através dos tempos um determinado questionamento: "Quem sou eu?" Ou, ainda, ao dessemelhante: "Quem é você?"

Ora, diante da retórica pergunta "Quem sou eu?", a resposta de qualquer ser humano nunca seria "Um negro!", já que o imaginário criado pelos europeus e difundido pelo resto do mundo assente que negro é tudo aquilo ligado ao não ser. É o que sobra, é o não querido, é o desatado. Ao poder dizer "Eu sou", o europeu, autodeclarado branco, afirma sua existência, proclama-a, como diz Mbembe (2018), enquanto o negro não pode confirmar a sua, visto que ela não lhe é reconhecida. O negro também figura como símbolo de não vida. O perigo, a ameaça, o monstro que permeia o imaginário. Quem, em toda a humanidade, gostaria de sê-lo?

> [...] O preto é um animal, o preto é ruim, o preto é malvado, o preto é feio; olhe, um preto! Faz frio, o preto treme, o preto treme porque sente frio, o menino treme porque tem medo do preto, o preto treme de frio, um frio que morde os ossos, o menino bonito treme porque pensa que o preto treme de raiva, o menino branco se joga nos braços da mãe: mamãe, o preto vai me comer! (FANON, 2008, p. 107)

Achille Mbembe nos aponta que o termo *negro* data do início do século XVI, encontrado num texto escrito, francês, porém só entra no uso corrente em meio ao tráfico de escravizados, no século XVIII. Mas o termo em si não expressa uma realidade, é uma criação subjetiva:

Num plano fenomenológico, o termo designa, em primeira linha, não uma realidade significante qualquer, mas uma jazida, ou melhor, um rebotalho de disparates e de fantasmas que o Ocidente (e outras partes do mundo) urdiu e com o qual recobriu as pessoas de origem africana muito antes de serem capturadas nas redes do capitalismo emergente dos séculos XV e XVI. (MBEMBE, 2018, p. 80)

Ainda dentro da construção do que viria a ser esse negro, Mbembe continua:

[...] Ser humano vivaz e com formas bizarras, queimado pela irradiação do fogo celeste, dotado de uma petulância excessiva, sujeito ao domínio da alegria e desertado pela inteligência, o negro é antes de tudo um corpo – gigantesco e fantástico –, um membro, órgãos, uma cor, um odor, músculo e carne, uma soma inaudita de sensações. (MBEMBE, 2018, p. 80)

No século XIX, tendo, portanto, já quase 400 anos de ativo tráfico de seres humanos escravizados, essa construção que Mbembe (2018) chama de "casca" e "chaga" preencheu o imaginário mundial, tornando o termo independente, cristalizando-o. A transformação dessas marcas fenotípicas – o cabelo, o nariz, a cor da pele, a ossatura – em estigma permanece até hoje como motivo torpe para continuar legitimando um lugar de inferioridade para o sujeito negro.

Transformar as pessoas de origem africana e seus descendentes em "negros" é a grande chave para manter as relações raciais figurando da mesma maneira, ainda com algumas sofisticações do processo de alienação das partes envolvidas nesse "jogo" de morte da alteridade.

Revestimento exterior em sua origem, esse invólucro se estratificou, transformou-se num conjunto de membros e acabou por se tornar, com o passar do tempo, uma casca calcificada – uma segunda ontologia – e uma chaga – ferida viva que corrói, devora e destrói todos os que acomete. (MBEMBE, 2018, p. 81)

Tomando o quadro referencial acima, o próximo subcapítulo traz o evento racial a partir do contexto brasileiro, pensando junto aos intelectuais negros e negras brasileiros (as) como a invenção da raça negra se configurou no Brasil no âmbito de um movimento maior, o qual podemos chamar de afrodiaspórico.

1.2 Brasil, meu mulato inzoneiro

> Um dos aspectos mais surpreendentes de nossa sociedade é o fato de a ausência de identidade racial ou confusão racial reinante ser aceita como dado de nossa natureza. Quando muito, à guisa de explicação, atribui-se à larga miscigenação aqui ocorrida a incapacidade que demonstramos de nos autoclassificar racialmente. É como se a indefinição estivesse na essência de nosso ser. Seres transgênicos que escapariam de qualquer identidade conhecida, que nenhum atributo racial e étnico utilizado alhures poderia abarcar por tamanha originalidade [...]. (CARNEIRO, 2011, p. 63)

O subtítulo desta seção faz referência à canção "Aquarela do Brasil", de Ary Barroso – e que aqui ironizo pela imagem altamente distorcida e folclorizada do negro brasileiro, o "mulato inzoneiro" – sonso, embusteiro, manhoso, enredador – segundo significados retirados dos dicionários.

Uma das canções mais famosas do Brasil por si só já demonstraria a maneira como o brasileiro vê e pensa o negro brasileiro. A terra "descoberta" pelos portugueses talvez seja o local onde a ficção racial toma seu formato mais assustador e paralisante. Como pensar a formação desse negro brasileiro num país em que até pouquíssimo tempo a autodeclaração dessa humanidade transformada em condição de perda era quase impossível ou pouco observada?

Muitos(as) dos(as) intelectuais e pensadores(as) do Brasil já dissertaram a respeito de como foram construídas as relações raciais no país (RAMOS, 1954; MUNANGA, 2012, GONZALEZ, 1984; ALMEIDA, 2018a, 2018b; IANNI, 2004; CARNEIRO, 2011; SANTOS, 2002) e, consequentemente, como as categorias negro/negra foram tomando forma na sociedade em diversos contextos históricos.

A filósofa Sueli Carneiro (2011), na citação anterior, traz um diálogo sobre um dos fatos mais discutidos na sociologia brasileira e utilizados de forma leviana pela maioria dos autores de correntes racistas: a miscigenação.

Reconhecendo a abolição da escravidão como lei, em 1888, podemos traçar um panorama mais detalhado de como esse negro foi figurando como integrante da nação brasileira a partir de sua permanência no país, das relações de estupro dos senhores brancos às mulheres negras escravizadas – o que gerou uma nova categoria de pessoas, os primeiros indivíduos de pele mais clara: os mestiços.

Em meio a essa população de brasileiros estavam os negros e negras recém-libertos, os indígenas (que já estavam por ali antes de todo mundo, certo?) e os mestiços largados à própria sorte pelo país, com a certeza de que não havia planos para inseri-los na sociedade em formação, uma sociedade que se pensava branca à luz de seu maior modelo: o europeu (MUNANGA, 2008).

Os intelectuais da época e a alta elite recém-órfã de seus escravizados estavam em busca de uma identidade étnica homogênea, a fim de que o Brasil fosse solidificado como país através de uma nação pura e de indivíduos igualmente puros.

> O que estava em jogo, nesse debate intelectual nacional, era fundamentalmente a questão de saber como transformar essa pluralidade de raças e mesclas, de culturas e valores civilizatórios tão diferentes, de identidades tão diversas, numa única coletividade de cidadãos, numa só nação e num só povo. (MUNANGA, 2008, p. 49)

Assim, diante da formação da população da época, seria necessário às aristocracias saber determinar o lugar que cada uma dessas etnias ocuparia nesse novo mundo. Esse foi um novo momento para recorrer às justificativas usadas com os "renegados" sequestrados durante quase meio século para impedir a formação de uma nação que já nasceria com uma mancha, uma mácula de ter, em sua base, indivíduos inferiores. Já por parte da elite, muitas foram as tentativas, projetos, planos e estudos (RAMOS, 1954) que pudessem garantir a extinção dessa raça inferior como um todo ou, pelo menos, a "limpeza" gradual da nação.

É imperativo que compreendamos que esse negro nunca foi desejado como humanidade. As mulheres e os homens escravizados jamais foram pensados como parte de um todo, como iguais. E se não o foram, não poderiam existir.

O caminho dos homens e mulheres negras habitantes do Brasil, desde o dia 14 de maio de 1888 até os recentes dias, foi e continua sendo um caminho de resistências, a fim de possibilitar seu próprio existir. O racismo, a racialização e a convivência com os brancos no Novo Mundo estabeleceram diversas formas de ser ou não ser negro no Brasil.

Há uma peculiaridade do racismo no Brasil de que falam tantos pensadores do País, e é exatamente isso que o torna tão complexo e cruel. Como na formação de nossa identidade nacional não havia lugar para essas negras e negros, cada grupo precisou afirmar sua vida de diferentes formas e, sobretudo, aprender a compreender o que nem sempre estaria aparente:

> O silêncio, o não dito, é outra característica do racismo à brasileira. [...] É nesse sentido que sempre considerei o racismo brasileiro "um crime perfeito", pois, além de matar fisicamente, ele alija, pelo silêncio, a consciência tanto das vítimas quanto

da sociedade como um todo, brancos e negros. Sem dúvida, todos os racismos são abomináveis, já que cada um a seu modo faz vítimas. O "brasileiro" não é o pior, nem o menor, se comparado ao dos outros povos; no entanto, a dinâmica e suas consequências são diferentes. (MUNANGA, 2017, p. 41)

O escritor e pensador Oracy Nogueira (2007), formulando sua tese sobre as diferenças entre o racismo apresentado no Brasil e nos Estados Unidos, introduz um conceito – o preconceito de marca – a fim de estudar as condições presentes nesse nosso "racismo à brasileira" e que definem a forma de afetação dos indivíduos negros em relação a outros países. A forma com que o(a) negro(a) será visto(a) e tratado(a) no Brasil dependerá do nível de pigmentação de sua pele; portanto, a sentença que expressará corretamente a incidência de discriminação com o negro será:
- Pele mais pigmentada → maior incidência de racismo;
- Pele menos pigmentada → menor incidência de racismo.

Essa construção da categoria "negro", juntamente à miscigenação entre as raças habitantes do Brasil (brancos, negros e índigenas), provocou na sociedade branca um desejo de apagamento da condição de "defeito" que estigmatizava esse indivíduo, uma supressão desse dado inferiorizante para que fosse possível criar uma identidade nacional pura, já que todos esses negros soltos ficariam mesmo por ali. Não havia plano para eles (a não ser de destruição). Enquanto isso, a miscigenação oferecia ao(à) mestiço(a) nascido(a) dessa mistura uma chance de viver e fazer parte dessa sociedade – não ser negro(a) –, afastar-se de toda e qualquer característica que pudesse aproximá-lo(a) dessa realidade.

De um lado, estava a negação dessa identidade negra e o desejo de liquidá-la; de outro, o desejo urgente de sobreviver em um mundo que não compreendia a existência desse(a) negro(a). Esse conflito foi o que chafurdou o brasileiro (branco e negro) numa paranoia coletiva que consistia (e ainda consiste) em embranquecer, ou seja, aproximar-se da possibilidade de assumir uma pele clara, que possa camuflá-lo das agressões que nossa sociedade produz contra os de pele escura.

Em meio a um grandioso estudo da história de como o racismo se estabeleceu e do genocídio a que foram submetidos os homens e mulheres negras no Brasil, Abdias Nascimento nos traz um pensamento que sintetiza os planos políticos para a destruição moral, mental e física das negras e dos negros brasileiros, quer por extinção de sua cor, quer pelo impedimento de expressar sua fé, quer pelo silenciamento das questões e direitos sociais:

> [...] as informações que os negros poderiam utilizar em busca de dignidade, identidade e justiça lhes são sonegadas pelos detentores do poder. O processo tem sua justificativa numa alegação de "justiça social": todos são brasileiros, seja o indivíduo negro, branco, mulato, índio ou asiático. Em verdade, em verdade, porém, a camada dominante simplesmente considera qualquer movimento de conscientização afro-brasileira como ameaça ou agressão retaliativa. E até mesmo se menciona que nessas ocasiões os negros estão tratando de impor ao país uma suposta superioridade racial negra... Qualquer esforço por parte do afro-brasileiro esbarra nesse obstáculo. A ele não se permite esclarecer-se e compreender a própria situação no contexto do país; isso significa, para as forças no poder, ameaça à segurança nacional, tentativa de desintegração da sociedade brasileira e da unidade nacional. (NASCIMENTO, 1978, p. 78)

No Brasil, o indivíduo mais pigmentado, a quem chamamos retinto, passa quase sempre pelo preterimento. Outros quaisquer que tenham a pele mais clara poderão perceber-se em melhores condições de vida ou simplesmente ser recebidos em qualquer lugar de forma menos agressiva. Como exemplo, um dos fatos apontados na narrativa de uma das interlocutoras da pesquisa (que trata de um assunto o qual se repete nas demais histórias contadas):

> Em meio aos amigos da rua, eu sempre, ou melhor, eu nunca era a escolhida pelos meninos como uma paquera. Sempre excluída e nunca preferida. Mas, se precisassem, podiam contar comigo para colocar a "amiga na chave". Pior é que eu não me dava conta e naturalizava. Achava o máximo formar casais. Como relatei no início, não tinha conversas voltadas para questões raciais em casa. Hoje a leitura que faço é: a jovem amiga negra era só para servir. De que forma? Apresentando as amigas brancas aos meninos. (Fragmento da narrativa de Ponciá)

Como, em nosso país, o fato que pesa sobre cada um de nós é o que você "parece", e não o que você "é", basta que sua aparência transmita características da ascendência europeia (ainda modelo de beleza universal) para que o racismo seja, digamos, "desviado" de você. O fragmento anterior, presente na narrativa de Ponciá, torna contundente esta questão. Lembremos que essa preocupação de disfarçar-se para viver melhor não atinge de forma alguma o indivíduo branco ou lido pela sociedade como branco. O que importa é que você se pareça com um branco. E isso não é uma brincadeira; é levado a sério.

Os recursos utilizados vão de maquiagem e outros procedimentos estéticos invasivos a cirurgias plásticas que podem definir com maior força que as características fenotípicas de um indivíduo possam ser "corrigidas". *Grosso modo*, nariz afilado não é de preto – camuflagem correta. Cabelo crespo (ou "duro", como dizem) é de preto. Alisá-lo – camuflagem correta.

Guerreiro Ramos (1954, p. 217) explica: "A condição do negro no Brasil só é sociologicamente problemática em decorrência da alienação estética do próprio negro e da hipercorreção estética do branco brasileiro, ávido de identificação com o europeu".

Seguindo a mesma linha, Munanga (2012) discute:

> Em primeiro lugar, coloca-se a espinhosa questão de saber se os negros seriam capazes de construir sua identidade e sua unidade baseando-se somente na pigmentação da pele e em outras características morfobiológicas do seu corpo, numa sociedade em que a tendência geral é fugir da cor da pele "negra", de acordo com a prática de embranquecimento sustentada pela ideologia de democracia racial fundamentada na dupla mestiçagem biológica e cultural. (MUNANGA, 2012, p. 12)

Ainda com relação ao esquema de avaliação do que é ser negro no Brasil, Nogueira (2007) nos lembra de que a definição de branco e não branco varia e é entrecortada por questões como classe e local onde mora o indivíduo. A intensidade do racismo varia de acordo com as marcas que esse negro possui. O brasileiro costuma dizer que "tem amigos negros", como se isso pudesse colocá-lo numa rede de pessoas caridosas que, mesmo diante de uma humanidade inferior, se compadecem dela e se dispoem até a conviver com essas pessoas.

Há sempre uma gradação associada ao lugar que o negro/a negra ocupa. Um(a) negro(a) de pele escura que more em região periférica e possua traços negroides bem marcados jamais será tratado da mesma forma que um negro de pele mais clara, morador de regiões mais elitizadas, mesmo que este habite condições mínimas nessa região. O segundo será mais "bem aceito" que o primeiro. Afinal, quanto mais escura a pele, mais portas se fecham. Assim funciona nas mais diversas condições: ao procurar emprego, para buscar atendimento médico ou simplesmente para andar pela rua.

As relações de afeto se guiam pela existência de um padrão lógico e também gradativo de possibilidades. Casamentos e relacionamentos inter-raciais são, quase sempre, criticados. Casar-se com uma pessoa negra implica "escurecer" sua raça. Portanto, quem se une a um negro(a) será bastante julgado pela sociedade branca e até mesmo pela negra, mas tudo isso poderá aparecer por meio de gestos, feições, palavras e ações dúbias, a fim de que o desconforto com a possibilidade de "contaminação" de raça não seja percebido pelo indivíduo discriminado. Dentro dos lares, os líderes das "famílias tradicionais", ou ainda suas senhoras, podem dizer que esse casamento manchará ou sujará a imagem da família.

Aliás, com relação à percepção da discriminação, a face mais amedrontante do racismo brasileiro talvez esteja expressa em seu silêncio. Qualquer atitude racista é sempre medida. Diz-se que a pessoa não tem uma boa aparência para não dizer que a cor de sua pele é que não é bem vista. Diz-se que a menina negra é mais esperta que a branca, mesmo que as duas tenham a mesma idade, porque há o pressuposto de que a mulher negra é mais ou totalmente sexualizada, enquanto a branca seria ingênua e cândida.

A cultura brasileira é composta desses pressupostos, e o momento atual desse negro na sociedade brasileira é uma grande luta contra um embaralhado de eufemismos. Como se a condição de homem e mulher negros fosse algo passível de desculpas e retratações. Mas existe um modelo de como ser?

> Uma determinada condição humana é erigida à categoria de problema quando, entre outras coisas, não se coaduna com um

ideal, um valor, ou uma norma. Quem a rotula como problema estima-a ou a avalia anormal. Ora, o negro no Brasil é objeto de estudo como problema na medida em que discrepa de que norma ou valor? (RAMOS, 1954, p. 45)

Quanto à questão da formação profissional da mulher negra e do homem negro no Brasil, desde a escola, é importante compreender que esses pressupostos de inferioridade, mansidão, preguiça, petulância, burrice, malandragem, servidão, força etc. acompanham sempre a trajetória desses indivíduos. Se o estudante negro não passa de ano, é porque é negro. E negros são burros, certo? Se a menina negra reclama que lhe estão puxando o cabelo e chamando-a de "cabelo de Bombril", ela não está exigindo seu direito de não ser agredida: ela é vista como "petulante".

Se na empresa em que trabalha a mulher negra ocupa um cargo de destaque, certamente será motivo de surpresa a um desconhecido que esta não seja funcionária da limpeza ou copeira. O homem negro que presta serviço domiciliar dificilmente irá escapar da imagem de perigoso ao bater numa porta, sendo sempre subjugado e discriminado ou vigiado constantemente.

> Lembro uma vez, quando meu esposo e eu tentávamos sair da Tijuca. Ao ver que nos aproximávamos do táxi, o motorista na mesma hora fechou o vidro e começou a xingar. Isso mesmo!! Por que será? Casal branco passaria por isso? Jamais!! (Fragmento da narrativa de Ponciá)

Dizem que a palavra ofensa é algo "muito forte" para designar um comentário racista, uma associação absurda a animais, uma injúria baseada num desses pressupostos já mencionados. O racismo no Brasil – e esta é uma frase bastante popular – "é coisa da sua cabeça". O próprio léxico é falho ao não dar nome às práticas racistas existentes. O fragmento a seguir, retirado da narrativa de Zica, faz ver e dizer essa dimensão, ao nos apontar:

> No primeiro dia útil após o carnaval, eu sentada na recepção da empresa (pois eu era recepcionista), passou o dono do escritório, me olhou, se espantou e seguiu até a sala dele. No fim da tarde, fui chamada pela coordenadora, que me disse a seguinte frase: "Zica, você precisará tirar as suas tranças até semana que vem." No primeiro momento me espantei, mas perguntei a ela o porquê daquilo, e ela me disse: "Então... Você não está coincidindo com a empresa." (Fragmento da narrativa de Zica)

Tendo em vista o fragmento anterior, percebe-se como os racismos estrutural e institucional são cruéis. Mulheres brancas e negras serão tratadas de formas absolutamente diferentes, caso estejam num espaço branco (um banco por exemplo). Se as duas estiverem solicitando ao caixa uma grande quantia em dinheiro, qual delas terá de apresentar a maior quantidade de documentos, a fim de provar ser a titular da tal conta de onde será retirado o dinheiro?

Uma mulher negra entra num museu para assistir a uma exposição de arte surrealista. Normalmente não há muitos outros negros no mesmo espaço; muitas vezes, nenhum. Todos a olham com expressões de surpresa, desdém, estranhamento... Podemos dizer que isso é o quê? Algo tão subjetivo pode ser nomeado? Mas a fé, por exemplo, que não é nada objetiva, não possui nome? A ausência do nome não pode sugerir que o objeto ou a ação não existam? Talvez seja esta a função do racismo brasileiro: não ser visto. O que não tem nome, não existe.

> Destarte, pensar a respeito do racismo institucional é inferir que sua manifestação se dá, sobretudo, na efetivação – ou no seu oposto – das políticas públicas no momento em que seu alcance se diferencia em quantidade, qualidade e efetividade, a depender da raça dos possíveis beneficiários. Sua ação pode ser detectada não apenas pela assunção de presença, pela detecção de seu enunciado ou pela verbalização pejorativa baseada em epítetos relativos à raça. Isto é, diferentemente do racismo individual, o silêncio sobre sua existência pode corroborar sua materialidade. (SILVA, 2018, p. 55)

Acompanhamos o percurso da fabulação da raça na construção do imaginário mundial do negro; acompanhamos também a estruturalização do racismo que atinge os indivíduos de pele escura de forma global, mas há algo que não pudemos acompanhar ainda: onde estavam exatamente as mulheres negras em todo esse percurso histórico? Que papel foi construído para ser assumido por essa categoria e quais papéis ela realmente teve?

O papel das mulheres negras na construção dessa idealizada "identidade brasileira", bem como a composição do imaginário desse corpo-mulher, seus lugares, sua permanência como categoria mais ameaçada e ultrajada de nossa sociedade em diálogo com a forma de reexistência traçada e criada por essas sujeitas para transcender o racismo que tenta eliminá-las – esse será o apontamento do próximo capítulo.

> Na medida em que nós negros estamos na lata de lixo da sociedade brasileira, pois assim o determina a lógica da dominação [...], o risco que assumimos aqui é o do ato de falar com todas as implicações. Exatamente porque temos sido falados, infantilizados [...], que neste trabalho assumimos nossa própria fala. Ou seja, o lixo vai falar, e numa boa. (GONZALEZ, 1984, p. 225)

CAPÍTULO 2
A NOITE NÃO ADORMECE NOS OLHOS DAS MULHERES NEGRAS

A noite não adormece nos olhos das mulheres
A noite não adormece
nos olhos das mulheres,
a lua fêmea, semelhante nossa,
em vigília atenta vigia
a nossa memória.

A noite não adormece
nos olhos das mulheres,
há mais olhos que sono
onde lágrimas suspensas
virgulam o lapso
de nossas molhadas lembranças.

A noite não adormece
nos olhos das mulheres,
vaginas abertas
retêm e expulsam a vida

donde Ainás, Nzingas, Ngambeles
e outras meninas-luas
afastam delas e de nós
os nossos cálices de lágrimas.

A noite não adormecerá
jamais nos olhos das fêmeas,
pois do nosso sangue-mulher
de nosso líquido lembradiço
em cada gota que jorra
um fio invisível e tônico
pacientemente cose a rede
de nossa milenar resistência.
(EVARISTO, 2017, p. 26)

O que sabemos da formação do mundo, o que consta nos livros de História, o crescimento e o condicionamento de cada um de nós a esse sem-número de possibilidades contidas em cada pessoa não nos prepara para o diálogo de identidades que se seguirá ao nosso nascimento. Só existem regras sociais que nos precedem, nos encaminham para as "caixas-do-não-ser", às quais seremos apresentadas.

Desde cedo compreendemos que há modelos a serem seguidos. As instituições nos são apresentadas de forma bastante simples, seja na semelhança que observamos ou nas diferenças a que assistimos. Um modelo de mãe, um modelo de avó, de irmã, de filha nos é apresentado, e compreendemos que essa "apresentação" será o que a sociedade registra como "verdade".

Mas o que dizer da mulher negra, que não se vê contemplada na "verdade"? Ela que é (nessa apresentação) ainda mais invisibilizada do que a imagem forjada anteriormente para o negro? Talvez seja necessário voltar algum tempo atrás para percebermos a invenção da dualidade verdade/mentira em nosso mundo. Voltaremos até o momento-chave de sua aparição, vestida em outros termos que conhecemos bem: o Eu e o Outro. Pois há uma verdade, e ela apresenta o ser branco, seja ele homem ou mulher, como o EU – modelo a ser reconhecido, enquanto aquele que não for branco será o destoante, o não desejado – o OUTRO.

De acordo com Grada Kilomba (2019), no capítulo intitulado "A máscara", parte inicial de seu livro *Memórias da plantação: episódios do racismo cotidiano*, o negro lida até hoje com a interdição. Quer seja da fala, do gesto, do pensamento ou do ser. A máscara de flandres, objeto de tortura usado por mais de 300 anos e reconhecido como um dos mais cruéis no período de escravização dos corpos negros, trazia não só a impossibilidade de alimentação, mas a real interdição da fala. Sob a ótica das mulheres negras, o que poderia ser dito que ainda hoje é impedido?

> [...] por que deve a boca do sujeito negro ser amarrada? Por que ela ou ele tem que ficar calada/o? O que poderia o sujeito negro dizer se ela ou ele não tivesse sua boca tapada? E o que o sujeito branco teria que ouvir? Existe um medo apreensivo de que, se o sujeito colonial falar, a/o colonizadora/or terá de ouvir. Seria forçada/o a entrar em uma confrontação desconfortável com as verdades da/o "Outra/o". Verdades que têm sido negadas, reprimidas, mantidas e guardadas como segredos. (KILOMBA, 2019, p. 41)

São esses os pensamentos que nos trazem até aqui, à investigação do que foi reprimido. A memória da mulher escravizada era algo que não se podia aprisionar. E percorrendo o caminho diverso dessas mulheres, desde o sequestro de suas ancestrais ainda na África até suas moradias ultramarinas e de suas irmãs na diáspora, tentaremos identificar os mecanismos de exclusão que as atravessaram.

Acreditamos que essa memória de um povo que foi assaltado, sequestrado e teve seu passado apagado e diluído pode ser "recomposta", pode ser visitada e consultada, não como reprodução da verdade, mas como uma dimensão de um passado que foi também sequestrado, e que une o sujeito escravizado, seus ancestrais e também seus irmãos do futuro.

A visibilidade das mulheres negras oprimidas e seu protagonismo na construção desse mundo junto ao desmantelamento dos alicerces do racismo têm sido grande objeto de estudo de intelectuais e uma temática que abordo aqui em diversos momentos. Há que se relatar o percurso de fuga, as rotas de escape e de resistência construídas por essas mulheres, a fim de forjar sua sobrevivência e a de seus iguais.

Se pensarmos nas mulheres negras brasileiras, tema desta pesquisa, podemos acompanhar seus desafios para construir essas formas de sobrevivência desde a escravatura. No pós-abolição, em 1889 e 1890, quando da Proclamação da República e do decreto das imigrações europeias, se permitiu a entrada de pessoas de outros países a fim de erguer uma camada de mão de obra que não possibilitasse a organização de homens e mulheres negras como participantes da economia: foi a estratégia primeira para que estes jamais viessem a gozar de seus direitos como cidadãos.

A elite brasileira, formada em sua maioria por não brasileiros e descendentes de europeus, foi arquitetando a exclusão e construindo um "*apartheid* geográfico" em que negros e negras, para sobreviver, tiveram de buscar estratégias para a manutenção da própria vida e da vida de seus descendentes.

No Brasil, as mulheres negras foram as responsáveis por instituir o comércio de rua informal. Lembremos que às negras e aos negros não era permitido estudar nem adquirir nenhuma propriedade. E trabalhar para os senhores nas fazendas não era uma possibilidade de vida justa, visto que, na maioria dos casos, trabalhariam apenas pela própria subsistência, sem possibilidade de juntar qualquer quantia que fosse para investir numa quase impossível mobilidade social.

Essa mulher negra termina por construir possibilidades de vida para a população negra e também para os pobres do pós-abolição empreendendo vendas de rua, com o preparo de alimentos a céu aberto, quitutes, comida vendida a preços mínimos, ou ainda trocada por objetos de sua necessidade (e até doada a quem não podia arcar com nenhum custo).

Essa mulher institui, numa tentativa de acompanhar o processo de inserção no mercado capitalista que impedia a ascensão dos africanos escravizados e seus descendentes, o pregão de rua – uma espécie de arte de venda cantada, como nos aponta Walter Garcia (2012) em seu estudo sobre as canções do século XX e a criação do imaginário dessa mulher trabalhadora nas ruas –, a fim de aumentar seus ganhos e promover seu próprio trabalho. Esse movimento acompanhou esse tipo de comércio até a modernidade:

> Em 2005, no bairro paulistano de Perdizes, perguntei a um vendedor ambulante de cocadas onde ele havia aprendido a cantar bonito daquele jeito. Estávamos parados diante de um edifício em construção, e um operário, que desembrulhava o doce comprado por 50 centavos, concordou: "Esse cabra é baiano." Nascido em Cuité, cidade situada no sertão da Paraíba, e morando em São Paulo desde 1984, Marcelo, o pregoeiro, riu. Como eu insistisse no elogio, ele respondeu: "Cantar? Aprendi a chorar. Se não chora, ninguém compra." (GARCIA, 2012, p. 35)

É possível para cada um de nós imaginar onde foi sendo utilizado o dinheiro ganho com o trabalho incansável dessas mulheres, visto que diversos relatos históricos as apontam como a categoria responsável pela compra das alforrias dos que ainda permaneciam cativos e dos fugitivos, assim como pela alimentação de seus descendentes. Conforme iam conseguindo juntar alguma quantia, poderiam alugar vagas, espaços reservados para o preparo dos alimentos, e também a venda deles, que serviriam ainda como locais de encontro e articulação de revoltas ou como pouso para aquelas e aqueles que não tinham onde ficar.

Um pouco mais tarde, já no contexto das políticas de exclusão engendradas pelos governos ditatoriais no Brasil, negras e negros foram sendo expulsos e impedidos de morar nos grandes centros e empurrados para os locais de difícil acesso. Os morros e as localidades distantes, de onde se mantinha o comércio, foram sendo as moradias possíveis dessa população brasileira que só poderia acessar o centro como força de trabalho, como mão de obra, nunca como moradora.

Com os novos desafios de habitação em tempos de profunda escassez, mais uma vez as mulheres negras são desafiadas a prover formas de subsistência para seus grupos, para as comunidades ocupantes de espaços inconformes que foram se construindo de acordo com a necessidade de manter condições mínimas de habitação para suas famílias.

Devemos compreender que a luta de negras e negros pelo espaço, pelos direitos como cidadãos e pelas condições de vida justas sempre foi organizada e perseverante. Assim como os povos originários, donos do espaço usurpado, os africanos sequestrados e seus descendentes (também os mestiços, frutos dos estupros das mulheres escravizadas) construíram o espaço urbano, enquanto traziam sua mão de obra especializada para impulsionar o comércio numa república que inventava um jogo de descartar e requisitar a presença dessa população explorada de acordo com suas necessidades.

Percebendo os processos de subjugação baseados nos pressupostos criados pelo imaginário das elites brancas mundiais, as mulheres negras iniciaram movimentos de luta contra as expressões machistas e sexistas já introjetadas nessa sociedade, participando e por diversas vezes liderando insurreições ao redor de todo o país e delineando a política dos oprimidos.

Como último país a abolir a escravização como atividade econômica, o Brasil sempre esteve atrás nas questões de direitos iguais entre mulheres e homens, quiçá entre negros(as) e brancos(as). As exigências das mulheres negras foram sendo empurradas para dentro dos pequenos grupos, das grandes discussões, das casas das mulheres brancas, dos escritórios dos homens brancos, para as reuniões das instituições, para as igrejas, tudo com muito esforço e diversos entraves.

Essa característica de observar e analisar a formação desse Brasil "miscigenado", que deseja esconder no *quarto de despejo*, na *lata de lixo da sociedade* aquelas que trouxe de forma forçada de seu continente, foi forjando essas mulheres para o combate e construindo as primeiras exigências de ações afirmativas, medidas de reparação às classes subalternizadas. Com a expressão *quarto de despejo,* faço referência à obra de Carolina Maria de Jesus (1960). *Quarto de despejo* completou 60 anos em 2020 ainda se mantendo atualíssima ao comparar as favelas brasileiras, lotadas de gentes subnutridas, aos quartos das casas das elites em que se despeja tudo aquilo que não se deseja, que não serve, o excedente. Já com a expressão *lata de lixo* refiro-me ao artigo "Racismo e sexismo na sociedade brasileira", em que a intelectual Lélia Gonzalez (1984), assim como Carolina Maria de Jesus, denuncia que o espaço destinado ao povo negro no país assemelha-se a uma lata de lixo à qual a sociedade o relega.

Mais tarde, buscando uma cidadania que se apresenta deficiente até os dias de hoje, essas mesmas mulheres reivindicaram o direito ao voto e às questões de ordem civil motivadas pelos movimentos das militantes negras estadunidenses que alertavam sobre a invisibilização de seus problemas e questões, sempre secundarizados dentro das pautas do movimento (RIBEIRO, 2018).

> As mulheres negras assistiram, em diferentes momentos de sua militância, à temática específica da mulher negra ser secundarizada na suposta universalidade de gênero. Essa temática da mulher negra invariavelmente era tratada como subitem da questão geral da mulher, mesmo em um país em que as afrodescendentes compõem aproximadamente metade da população

feminina. Ou seja, o movimento feminista brasileiro se recusava a reconhecer que há uma dimensão racial na temática de gênero que estabelece privilégio e desvantagens entre as mulheres. Isso se torna mais dramático no mercado de trabalho, no qual mulheres negras são preteridas (no acesso, em promoções e na ocupação de bons cargos) em função do eufemismo da "boa aparência", cujo significado prático é: preferem-se as brancas, melhor ainda se forem louras. (CARNEIRO, 2011, p. 121)

Já no século XXI, ainda debatemos a existência do inimigo interno de que fala hooks (2019), o sexismo internalizado que incute em nós um pensamento de inferioridade e obediência aos homens, junto a um sistema de competição entre mulheres que ora fica na penumbra das discussões, ora retorna em grande estilo. O machismo e o sexismo são pilares da formação humana que devemos combater sempre, pois habitamos, de uma forma ou de outra, todas nós, mulheres, quando confrontadas com o sistema patriarcal e diante dos homens brancos e negros.

Engana-se quem pensa que nos dias atuais, diante das grandes lutas por representação política, pelos direitos reprodutivos, pelos salários iguais, pelas altas posições empresariais e demais vitórias no campo socioeconômico as coisas melhoraram de forma definitiva. No Brasil, um grande número de mulheres negras ainda vivem oprimidas pela presença machista dos homens que ainda as sustentam financeiramente; e aquelas que trabalham fora e são chefes de família ainda passam pelo racismo patriarcal e pelas diversas violências cometidas pela sociedade, perpetuando a imagem de culpa e subalternidade de cada uma delas.

Destarte, as mulheres negras sucumbem aos ativismos comunitários voltados menos para si, enovelados pelo padrão moderno onde suas identidades são revertidas às de mães solteiras, chefas [sic] de família desestruturadas, "mulheres da paz" efetivas no resgate de jovens criminosos [...]. Além disto, o padrão colonial ora elege as mulheres negras como dirigentes do tráfico de drogas, ora como homicidas de companheiros violentos, quando não pactua as coações impostas por filhos e maridos encarcerados para que mulheres negras transportem drogas até o sistema prisional, numa faceta hedionda punitivista das mulheres negras. (AKOTIRENE, 2018, p. 55)

Como essas mulheres nunca desistiram de sua inserção e ascensão sociais, o próprio funcionamento político do Estado foi definindo as formas contemporâneas de violência a que seriam submetidas em casa e na sociedade. De acordo com a Organização Mundial da Saúde (OMS) e como apontado no Dossiê de Mulheres Negras de 2016, são definidos da seguinte forma os cinco perfis de violência sofridos pelas mulheres negras, em seus diversos contextos: 1) a violência autoinfligida; 2) a violência interpessoal; 3) a violência intrafamiliar; 4) a violência coletiva; e 5) a violência estrutural.

Sendo a mulher negra a mais vitimada pela violência como um todo, visto que nos últimos 10 anos pesquisados (período de 2003 a 2013) aumentou em 54,2% o número de mulheres negras assassinadas, enquanto diminuiu em 9,3% o assassinato de mulheres brancas (WERNECK; IRACI, 2016), faz-se necessário analisar os motivos que ainda mantêm ou que inscrevem a mulher negra como corpo "mais matável" em nossa sociedade.

Se enveredarmos pelos números, essas estatísticas nos abalam e impressionam. O trabalho dessas mulheres em seus coletivos resiste a fim de amplificar essas vozes que emudeceram. Os movimentos de mulheres negras, no Brasil de hoje e principalmente no Rio de Janeiro, organizam-se constantemente em torno da palavra DENÚNCIA. Fazer visíveis as mortes, as interdições, as condições de exploração de forma coletiva são tarefas principais para a demolição dessa estrutura racista e sexista. Uma mulher negra sabe que precisa do coletivo para amplificar sua força e fazer ouvir seus direitos. Buscamos novas formas de habitar esse mundo, pois

> [...] se tem algo que marca a produção da morte social em ser assignada enquanto mulher negra é a potência de produção de vida a todo instante, constituindo uma dobra nos processos de violências. As mulheres negras, nos mais diferentes lugares, institucionalizadas ou não, sempre se organizaram, produziram coletivos, alimentaram práticas de solidariedade, expressando fortemente o que chamamos de irmandade. (LIMA, 2017, p. 84)

A história de nossas intelectuais negras que pensaram (e pensam) a humanidade, produzindo contranarrativas e resgatando as epistemologias invisibilizadas, se faz necessária num contexto de desumanização tão forte como o que estamos vivendo atualmente.

Sabemos que não há somente uma forma de abarcar as reivindicações de todas as mulheres ao redor do mundo, principalmente porque a opressão se dá a qualquer mulher racializada. No caso das mulheres negras que vivem em solo africano, das que vivem na diáspora, das *chicanas* – mulheres de cor, mas não negras –, das que estão enquadradas em algumas dessas situações e ainda são lésbicas ou transexuais, devemos compreender os atravessamentos que as atingem e seu desejo de protagonização, observando como o racismo e a exploração de seus corpos se dão de acordo com cada marcador que as atravessam, o que chamamos de interseccionalidade.

> A relação entre política e representação é uma das mais importantes no que diz respeito à garantia de direitos para as mulheres, e é justamente por isso que é necessário rever e questionar quem são esses sujeitos que o feminismo estaria representando [...]. Não incluir, por exemplo, mulheres trans com a justificativa de que elas não são mulheres reforça aquilo que o movimento tanto combate e que Beauvoir refutou tão brilhantemente em 1949: a biologização da mulher [...]. Se não se nasce mulher, se ser mulher é um construto [...] não faz sentido a exclusão das trans como sujeitos do feminismo. O movimento feminista precisa ser interseccional, dar voz e representação às especificidades existentes no ser mulher. Se o objetivo é a luta por uma sociedade sem hierarquia de gênero, existindo mulheres que, para além da opressão de gênero, sofrem outras opressões, como racismo, lesbofobia, transmisoginia, torna-se urgente incluir e pensar as intersecções como prioridade de ação, e não mais como assuntos secundários. (RIBEIRO, 2018, p. 47)

A necessidade de escrever um capítulo inteiro sobre a mulher negra se faz a partir da noção de perpetuação das práticas feministas propostas por bell hooks (2019), às quais estão plenamente vinculadas as ações de apoio à autoestima positiva, ao autocuidado, à saúde mental, à destruição dos conceitos hegemônicos de beleza universal, aos direitos reprodutivos e sexuais, ao ativismo político e às demais movimentações de combate ao domínio do patriarcado. Proporcionar um debate profundo acerca de como essa mulher é vista e se vê na nossa sociedade é tarefa urgente em nosso tempo de aniquilação de humanidades.

Já apresentados os processos de independência e construção de movimentos organizados para exigir direitos para essas mulheres, escolhi não aprofundar o estudo das teorias feministas que alicerçaram essas lutas, mesmo que elas estejam expostas aqui, contornando as ações na busca pela autonomia das mulheres racializadas. Todavia, gostaria de trazer aqui nomeadas as muitas mulheres que foram importantes nesse contexto de apresentação das demandas, da visibilização dos casos de discriminação, da formação política das mulheres participantes dos movimentos, da construção dos conceitos e teorias que foram aprimorando a forma de organização de todas nós, mulheres negras.

Algumas delas, brasileiras e estrangeiras, nossas *outsider within* (COLLINS, 2016), serão listadas aqui como forma de permanecerem visíveis e de mostrarmos sua relevância na construção de uma outra humanidade em suas áreas: Josefina Álvares de Azevedo, Luiza Bairros, Beatriz do Nascimento, Lélia Gonzalez, Nilza Iraci, Neuza Santos, Pedrina de Deus, Jurema Werneck, Nilma Lino Gomes, Léa Garcia, Sueli Carneiro, Maria Firmina dos Reis, Carolina Maria de Jesus, Ana Maria Gonçalves, Conceição Evaristo, Jurema Batista, Benedita da Silva, Ruth de Souza, Elza Soares, bell hooks, Patricia Hill Collins, Kimberlé Crenshaw, Audre Lorde, Angela Davis, Nina Simone, Josephine Baker, Aretha Franklin, Gloria Anzaldua, María Lugones, Rosalva Castilho, Yuderkis Spinoza e Ochy Curiel. Cito estas não em detrimento de outras, mas para delinear os alicerces do pensamento de mulheres negras, construído por muitas dessas que ainda estão entre nós e reforçado pela trajetória de luta daquelas que não estão mais e deixaram suas contribuições irrefutáveis.

Quanto à pesquisa, nossas interlocutoras apontam em diversos momentos uma série de construções mentais já assimiladas, que continuam legitimando o pensamento sexista e a construção de si mesmas como frutos dessa opressão machista. Seus relatos denunciam a insistente reconfiguração do pensamento sexista e as intersecções de classe e gênero que o perpassam.

> Em meio à sociedade, me vejo sendo pressionada duas vezes: por ser negra e mulher. Não é fácil você crescer ouvindo "Não pode fazer isso, porque você é mulher" ou então "Essa cor de roupa não é boa por causa da sua cor!" [...]. Quando criança o machismo era muito forte e as mulheres não tinham voz. Me sentia presa de todas as formas! Era angustiante. (Fragmento da narrativa de Ponciá)

O fragmento anterior, da interlocutora Ponciá, faz ver a dupla opressão sobre os corpos e subjetividades de mulheres negras, evidenciando como o racismo é *genderizado* e o gênero é racializado. No entanto, o apoio, a visibilidade e o engrossamento dessas vozes silenciadas ao longo dos tempos constituem o que chamamos de sororidade como prática poderosa de enfrentamento, sempre renovada e revisitada nas gerações que se seguem e nos diversos países em que essa opressão é cada vez maior:

> Pensadoras feministas mais velhas não podem pressupor que jovens mulheres simplesmente vão adquirir conhecimento sobre feminismo ao longo da vida adulta. Elas precisam de orientação. De um modo geral, as mulheres em nossa sociedade estão esquecendo o valor e o poder da sororidade. Movimentos feministas renovados devem novamente levantar alto a bandeira e proclamar mais uma vez: "A sororidade é poderosa." (HOOKS, 2019, pp. 38-39)

A mulher que vemos relegada à existência masculina, dependente da presença do homem, preterida nas situações de trabalho, cuidadora do lar e que inicia os movimentos de luta pelos direitos das mulheres ainda no século XVIII é a mulher branca. Para a mulher negra, de quem a sociedade já se utiliza há tempos, haverá uma série de questões que deverão ser abordadas e reconhecidas para que haja igualdade de direitos; questões essas que não foram objetivos iniciais das feministas brancas, que invisibilizaram as lutas das mulheres negras na maior parte da história, visto que, para trabalhar, sair de casa e conquistar a liberdade de não ser somente "do lar" seria necessário que alguém cumprisse as tarefas menos prestigiosas, que elas não queriam cumprir:

> O feminismo reformista se tornou o caminho para a mobilidade de classe. Elas poderiam se libertar da dominação masculina no mercado de trabalho e escolher mais livremente o próprio estilo de vida. Mesmo que o sexismo não tenha acabado, elas poderiam maximizar a liberdade dentro do sistema existente. E poderiam contar com o fato de existir uma classe mais baixa de mulheres exploradas e subordinadas para fazer o trabalho sujo que se recusavam a fazer. Ao aceitar, e de fato conspirar a favor da subordinação de mulheres trabalhadoras e pobres, elas não somente se aliaram ao patriarcado existente e ao concomitante sexismo como se permitiram o direito de levar uma vida dupla, em que são iguais aos homens no mercado de trabalho e em casa, quando querem ser. (HOOKS, 2019, pp. 22-23)

No período colonial, fase crítica e necessária para pensarmos nessa subordinação como aponta bell hooks (2019), essas mulheres – em diferentes contextos – tiveram sua presença banida dos registros históricos mundiais, sendo descritas muitas vezes somente como as mucamas, as amas que cuidavam da prole colonizadora, as negras de casa, que faziam as vezes de mãe, amamentando as filhas e os filhos das "sinhás", que conduziam o trabalho doméstico e se ocupavam somente dos afazeres do lar. Como aponta Davis (2016):

A maioria das meninas e das mulheres, assim como a maioria dos meninos e dos homens, trabalhava pesado na lavoura do amanhecer ao pôr do sol. No que dizia respeito ao trabalho, a força e a produtividade sob a ameaça do açoite eram mais relevantes do que questões relativas ao sexo. Nesse sentido, a opressão das mulheres era idêntica à dos homens. Mas as mulheres também sofriam de forma diferente, porque eram vítimas de abuso sexual e outros maus-tratos bárbaros que só poderiam ser infligidos a elas. A postura dos senhores em relação às escravas era erigida pela conveniência: quando era lucrativo explorá-las como se fossem homens, eram vistas como desprovidas de gênero; mas, quando podiam ser exploradas, punidas e reprimidas de modos cabíveis apenas às mulheres, elas eram reduzidas exclusivamente à sua condição de fêmeas. (DAVIS, 2016. p. 19)

Demorou muito para que os trabalhos forçados, as tarefas concomitantes casa/campo e as jornadas profundamente exaustivas das mulheres nas plantações de cana-de-açúcar, algodão, cacau e café fossem registradas historicamente. Vemos que o machismo atua também na alienação de corpos, como observaremos em todo este capítulo. A idealização da mulher como um corpo frágil permitiu que nossa história se valesse dessa imagem para invisibilizar o trabalho dessa mulher negra nos campos, mesmo que, por outro prisma, apresentasse essa mesma mulher como portadora de uma fortaleza ímpar, capaz de suportar as mais diversas violências. Só viríamos a compreender que essa mulher que tem o "benefício da fragilidade" é a mulher branca, enquanto a negra será concebida, num plano de desumanização, como "forte".

Conceição Evaristo, em conferência na Universidade Federal da Bahia (UFBA), discute um fato presente na memória de suas ancestrais:

Eis um fato vivenciado por mulheres negras e pobres, narrado por uma das minhas tias, Maria Filomena da Silva, e que revela o protagonismo de nossas lutas. Protagonismo que não está registrado na história do feminismo brasileiro. Façamos isto: Tia Lia me contava que, por volta do ano de 1922, portanto 34 anos após a assinatura da Lei Áurea, no Brasil, em uma cidadezinha no interior de Minas Gerais, fazendeiros da região recusavam dar trabalhos às mulheres no cultivo da terra, alegando que o trabalho delas não rendia. A negativa desses fazendeiros esquecia que essas mulheres conheciam por suas ancestrais o trabalho de plantação em todas as suas etapas. O que fizeram essas mulheres? Decidiram trabalhar em mutirão. Juntas aravam a terra, semeavam, plantavam, colhiam... E no final do período os fazendeiros perceberam que o trabalho dessas mulheres rendia tanto ou mais que o trabalho dos homens. E passaram a contratá-las novamente. Creio que esse fato ilustra táticas de enfrentamento a um poder patriarcal criado no cotidiano por mulheres negras e pobres. São lutas de mulheres que, por não terem sido escritas e teorizadas, não aparecem como atos de protagonismo da lutas feministas no Brasil. (EVARISTO, 2018)

O que reivindica a escritora mineira, e o que nos intriga até os dias de hoje, é que essa história, que faz parte da memória de várias das mulheres de sua família, não está registrada nos documentos oficiais como uma grande experiência de feminismo. Perguntamos: Por que não está? A organização das mulheres negras em luta por direitos iguais em sociedade não está registrada nos livros de História e permanece invisibilizada por uma historicização machista e sexista.

Um dos exemplos seminais desses processos de reinvidicações deu-se no contexto inicial das lutas das mulheres negras, em 1851, nos Estados Unidos, especificamente em

Akron, Ohio. Uma mulher negra realizou uma das tarefas mais difíceis da época: exigir seus direitos. Numa convenção pelos direitos das mulheres, Sojourner Truth, única mulher negra presente, se levanta e profere um dos discursos mais importantes para o fortalecimento da luta feminista das mulheres negras. "E não sou eu uma mulher?" desmentiu as alegações sobre a fragilidade feminina e sua incompatibilidade com o sufrágio, expondo a face mais profunda do racismo e da condição de diferença da visão das mulheres negras em relação às brancas:

> Ou seja, ela já anunciava que a situação da mulher negra era radicalmente diferente da situação da mulher branca. Enquanto àquela época mulheres brancas lutavam pelo direito ao voto e ao trabalho, mulheres negras lutavam para ser consideradas pessoas. (RIBEIRO, 2018, p. 52)

Estava lançada a discussão sobre os direitos das mulheres com recorte racial, assunto que ainda nos movimenta e produz desavenças nas articulações da política contemporânea. A luta continua!

2.1 Desconstruindo imaginários – borrando imagens do passado

Vamos nos debruçar sobre o estudo dessa categoria de ser que foi fundada a partir do silêncio. Mulher negra é uma sentença, uma locução, é uma junção de duas palavras que, se ditas ou escritas juntas, formam uma categoria caracterizada pela exploração.

Assim como a palavra *negro* foi construída a fim de determinar o destino de um indivíduo e funciona até hoje no imaginário do racista como hiperônimo de seres inferiores, nomear alguém como *mulher negra* traz a semântica do despossuído, daquela que não se reclama, a quem não se assume ou exibe, a que serve e está sempre subordinada a alguém.

Nós, mulheres negras brasileiras, temos sido pensadas a partir de diversas semantizações. Gostaria de discutir um pouco mais, tendo como terreno o campo da literatura, minha área primeira de estudo e campo fundante de nosso imaginário, que "surge como um espaço privilegiado de produção e reprodução simbólica de sentidos" (EVARISTO, 2005a, p. 52).

No Brasil, a construção da categoria *mulher negra* teve e ainda mantém diversas acepções de acordo com o momento histórico, o local onde a sujeita em questão mora, classe, sua orientação sexual, idade e muitos outros atravessamentos que compõem a vida dessa mulher.

Para pensar a posição atual da mulher negra na sociedade brasileira, é necessário que busquemos a história de composição dessa mulher desde a formação da identidade brasileira, já discutida anteriormente. Enquanto o homem negro foi sendo inferiorizado e teve sua força de trabalho vinculada à sua existência, a mulher negra teria de lidar com todos esses elementos de desumanização e com o mais difícil deles, que lhe oprime até hoje: o controle e o abuso de seus corpos.

Uma de nossas pensadoras, intelectual brasileira de extrema importância para os estudos sobre o percurso político das mulheres negras no Brasil, trouxe aportes para um pensamento que compreendesse a construção dos estereótipos que cercaram essas mulheres e possibilitaram sua subjugação. Lélia Gonzalez (1984) pensou o Brasil e empreendeu táticas de reversão do discurso de inferioridade das mulheres negras apresentando um painel de como o brasileiro compreendia as relações raciais com elas.

Nos anos 1980, Lélia elabora um compêndio acerca das funções que, idealizadas, se sobrepuseram a outras e construíram um imaginário sobre as mulheres negras brasileiras, que até o presente momento (terceira década do século XXI) tem demarcado os lugares sociais de cada uma delas: a mãe preta, a mulata e a doméstica; as três, figuras emblemáticas do racismo que Lélia chama de "a sintomática que caracteriza a neurose cultural brasileira" (GONZALEZ, 1984, p. 224).

Em *Racismo e sexismo na cultura brasileira*, Lélia Gonzalez (1984) recupera a imagem da mucama, a "negra de casa", a fim de que possamos compreender a figura da mãe preta, base de nossa formação nacional. A mulher negra escravizada e que habitava o interior da casa-grande seria aquela que traria privilégios para a mulher do senhor, visto que esta não teria de realizar os serviços domésticos: cozinhar, lavar as roupas, passar, limpar a casa. Além de "substituir" a senhora nas tarefas diárias, essa mucama ainda poderia ser obrigada a amamentar a prole colonizadora, contar histórias para adormecê-los e ser obrigada a servir sexualmente ao senhor.

Na área da literatura, a escritora Conceição Evaristo empreende diversos estudos no sentido de "borrar", como diz, essa imagem da mãe preta servil, de fala mansa, cuidadora carinhosa das "sinhazinhas e sinhozinhos", em detrimento dos próprios filhos, largados à própria sorte. Na conferência de abertura do Seminário Mulher e Literatura do ano de 2009, a escritora discursa com o intuito de apresentar sua obra, seus estudos e as ações das mulheres negras da contemporaneidade como reconfigurações da imagem dessa mãe preta, uma nova representação de mulher que atenda as mulheres negras mais diversas.

Na área da escrita, exercício que preenche grande parte dessa pesquisa, a autora traz sua noção de Escrevivência, um conceito de escrita ancorado na vida insubmissa das mulheres negras, que pretende construir um novo discurso e um novo posicionamento dessa mulher na sociedade brasileira. No caminho da instituição de uma nova leitura dessa *negra de casa*, a escritora proclama, ainda no seminário em questão: "A nossa escrevivência não pode ser lida como história para ninar os da casa-grande e sim para incomodá-los em seus sonos injustos" (EVARISTO, 2005b). Nesse sentido, Conceição Evaristo redesenha esse lugar da mãe preta, apontando novas estratégias das mulheres negras para se reposicionarem como sujeitas de suas histórias.

A literatura sempre foi um espaço de construção de sujeitos. A arte que discute as inconstâncias e explora as tensões dos indivíduos através dos tempos pode preencher as lacunas criadas pela ficcionalização criada pela branquidade acerca das pessoas negras.

Ao longo dos tempos, diversas obras literárias foram delineando o pensamento racista brasileiro, impondo imagens de pessoas negras que reforçassem características que "comprovassem" sua inferioridade e legitimassem sua exploração.

É o caso de obras consagradas como participantes de um cânone mundial que pretende reunir uma literatura dita "universal".

Uma dessas obras, que inaugura um pensamento de elogio à mestiçagem mesclando a afirmação de um sujeito nacional, combinada a uma reificação da cor da pele branca, é *Macunaíma* (escrita por Mário de Andrade em 1928). O mito das três raças, a repulsa aos traços negroides e a invenção de um indivíduo que passa pelo processo de embranquecimento como fortalecimento de sua humanidade foram alguns dos temas que invadiram o imaginário brasileiro e devastaram a autoestima de homens e mulheres negros, que passaram a assimilar a imagem do branco como fator de sobrevivência:

> Então Macunaíma enxergou numa lapa bem no meio do rio uma cova cheia d'água. [...] Entrou na cova e se lavou inteirinho. Quando o herói saiu do banho, estava branco louro e de olhos azuizinhos, água lavara o pretume dele. E ninguém não seria capaz mais de indicar nele um filho da tribo retinta dos Tapanhumas.
> Nem bem Jiguê (irmão de Macunaíma) percebeu o milagre, se atirou na marca do pezão do Sumé. Porém a água já estava muito suja da negrura do herói e, por mais que Jiguê esfregasse feito maluco atirando água pra todos os lados, só conseguiu ficar da cor do bronze novo. Macunaíma teve dó e consolou:
> Olhe, mano Jiguê, branco você ficou não, porém pretume foi-se e antes fanhoso que sem nariz. (ANDRADE, 2017, p. 33)

Por outro lado, no que se refere à construção da imagem das mulheres negras, uma obra bastante famosa de nosso período naturalista foi o romance *O cortiço*, escrito em 1890 por Aluísio Azevedo (2018), responsável por fixar duas novas invenções para o imaginário brasileiro sobre as mulheres negras: a mulher sexualizada, feita para ceder aos desejos dos homens; e a serviçal, a mulher que seguiria como cuidadora do ambiente familiar, substituiria as senhoras na lida das tarefas diárias e também poderia ser procurada para satisfazer sexualmente o patrão.

Assim surgiram Rita Baiana e Bertoleza, ambas personagens do romance citado anteriormente e que assinalaram para a sociedade da época a inferiorização e a subserviência das mulheres negras. A primeira, retratada no romance como uma mulher jovem e sensual, dançarina sedutora, que articula o uso do corpo para conseguir o que deseja; a segunda, mulher mais velha, de baixa estatura, dona de grande força física, contornos grosseiros, sempre envolta na sujeira e desprovida de inteligência.

Enquanto as mulheres lutavam por seus direitos a partir da construção de narrativas de protagonismo e insubordinação que não foram escritas, pensadores da época como o sociólogo Gilberto Freyre (2019), em seu *Casa-grande e senzala*, de 1933, traziam a ideia de uma "colonização fraterna" por parte dos europeus, principalmente os portugueses, introduzindo a ideia de que as relações entre colonizadores e mulheres escravizadas (e suas descendentes) foram definidas por uniões amorosas, sob desejo dessas mulheres.

Sabemos que o fator que permitiu essas relações foi o estupro segmentado e infligido por séculos a essas mulheres, que marcou fortemente a genealogia dos descendentes das africanas escravizadas, enquanto introduzia um pensamento de Brasil mestiço apoiado na falsa democracia racial estabelecida nos anos seguintes.

Bem mais tarde, o também canônico autor Jorge Amado, em seu *Gabriela, cravo e canela*, de 1958, reconfigura a imagem da mulher negra ao mostrar uma face sexualizada e animalizada dessa mulher que "tira a paz" do homem de bem, um ser comestível, cujo corpo seria campo de prazer para o homem.

Voltando ao artigo de Lélia Gonzalez (1984), a escritora, intelectual estudiosa dessa formação histórico-literária que tornava reais as personagens fictícias através do racismo com que eram retratadas, apura as bases de formação do imaginário brasileiro a respeito da mulher negra e apresenta as personagens da mulata e da doméstica como faces e desdobramentos dessa mulher inventada, ora palatável, ora serviçal:

> Como todo mito, o da democracia racial oculta algo para além daquilo que mostra. Numa primeira aproximação, constatamos que exerce sua violência simbólica de maneira especial sobre a mulher negra. Pois o outro lado do endeusamento carnavalesco ocorre no cotidiano dessa mulher, no momento em que ela se transfigura na empregada doméstica. É por aí que a culpabilidade engendrada pelo seu endeusamento se exerce com fortes cargas de agressividade. É por aí, também, que se constata que os termos mulata e doméstica são atribuições de um mesmo sujeito. A nomeação vai depender da situação em que somos vistas. (GONZALEZ, 1984, p. 228)

A pensadora ainda discute a reencenação do mito, a existência de um país sem preconceitos, que reconhece suas matrizes africanas e indígenas enquanto celebra a mistura de povos. Lélia aponta que o momento do carnaval é quando esse mito traz toda a sua força. Enquanto a mulata – mulher negra vista como símbolo de luxúria – goza do papel de rainha da festa profana, a doméstica – função cotidiana dessa mesma mulher – é impedida de usar os elevadores sociais dos prédios diariamente. É a mesma *negra de casa*, mulher de "cama e mesa" que, outrora mucama, transforma-se em rainha e volta a serviçal quando do fim da festa.

Essa mulher desejada no carnaval será a mulher impedida e silenciada no cotidiano de nossa sociedade, será a desempregada que não atendeu às expectativas do empregador por "não ter boa aparência", será a mulher negra que, entre outras, estará nos trabalhos de menor prestígio e prestação de serviços. Ela é a moradora dos subúrbios que pega o trem e o ônibus lotados, deixando seus filhos em casa ou na escola para cuidar dos filhos dos patrões. É a mulher preterida na hora do casamento e trocada por uma outra (branca), como relata uma de nossas interlocutoras em uma de suas experiências amorosas:

> Às vezes o racismo é bem sutil. Levamos tempo para enxergar e aceitar que se trata realmente disso. Principalmente quando envolve sentimento, porque estamos tão envolvidas que não percebemos alguns sinais.[...] Conheci um rapaz negro em 1994, em plena copa do mundo, na casa de uma amiga. Tínhamos amigos em comum. Naquele mesmo dia ele me pediu em namoro.[...] Até então nunca tinha visto ele como uma pessoa racista, embora às vezes chamasse a sua mãe de cabelo duro ou qualquer outra coisa do tipo. Depois de um tempo, uma amiga minha me falou que ele era preconceituoso, mas não dei ouvido. Uma outra amiga também fez o mesmo comentário a respeito dele. Perguntei às duas por que elas achavam isso, mas elas não quiseram falar. Pensei que era coisa da cabeça delas e larguei pra lá, pois na minha cabeça nós dois éramos negros, logo não existia isso entre nós. Ele dizia que me amava tanto. Começamos os preparativos para o casamento. Chegou o final de 94 e resolvi visitar os meus pais no Nordeste. O meu futuro companheiro não gostou nem um pouco da ideia da viagem. Tentou me convencer a deixar para ir só depois do

casamento, mas eu insisti. Ele então pediu para eu fotografar tudo para mostrar para ele. Nunca escondi que era pobre e morava no interior. Mas acho que ele imaginou que a minha família tivesse terras. Passei um mês na casa dos meus pais e ele me escrevia com frequência. Numa das cartas me dizia que tinha reencontrado uma colega da época da faculdade e tinha novidades para contar.

[...] O tempo foi passando; eu não estava bem naquela relação, embora o amasse muito. O chamei outra vez para dialogarmos e resolvi perguntar sobre a pessoa; ele disse que era uma moça legal e que queria casar e formar família. Resolvi colocar um ponto-final na relação ali mesmo, pois achava que ele já havia feito sua escolha, só não tinha coragem de me dizer. Ele riu nervoso e disse que eu tinha entendido errado. Fui embora dilacerada e sem entender nada, porque ele não se mostrava apaixonado por ela. Logo depois se casou com a tal moça, que era muito branca e tinha uma boa situação financeira. Os amigos diziam que ele andava com ela como se fosse um grande troféu. E pude ver no dia que os vi na rua. Sofri muito, entrei numa depressão profunda, cheguei ao fundo do poço. Não conseguia entender o que tinha acontecido. Como uma pessoa que não só falava, mas demostrava me amar me largava daquele jeito? Custei a entender que ele tinha me deixado pelo fato de eu ser negra e pobre. Levei anos para me recuperar e para voltar a confiar em outra pessoa. (Fragmentos da narrativa de Célie)

Trazendo novamente o pensamento de Evaristo (2005a) no que diz respeito às obras literárias já relatadas anteriormente, denunciando a forma deturpada com que são compostas as personagens negras nos livros, esse pensamento nos diz que:

> Uma leitura mais profunda da literatura brasileira, em suas diversas épocas e gêneros, nos revela uma imagem deturpada da mulher negra. Um aspecto a observar é a ausência de representação da mulher negra como mãe, matriz de uma família negra, perfil delineado para as mulheres brancas em geral. Mata-se no discurso literário a prole da mulher negra. Quanto à mãe preta, aquela que causa comiseração ao poeta, cuida dos filhos dos brancos em detrimento dos seus. (EVARISTO, 2005a, p. 53)

Assim como a escritora denuncia a morte simbólica das mulheres negras no discurso literário, nós podemos inferir que essa "morte" foi preenchendo nossas idealizações a respeito dessas mulheres, retirando delas suas características humanitárias, familiares, alienando sua fecundidade, retirando sua beleza, sua sensibilidade e todos os principais atributos que poderiam torná-la semelhante às mulheres representantes da sociedade (as brancas). Às supressões seguem-se outras características que apoiarão discursos racistas e sexistas até o início do século XXI:

> Na ficção, quase sempre, as mulheres negras surgem como infecundas e, portanto, perigosas. Aparecem caracterizadas por uma animalidade como a de Bertoleza, que morre focinhando, por uma sexualidade perigosa como a de Rita Baiana, que macula a família portuguesa, ambas personagens de *O cortiço* (1890), de Aluísio de Azevedo, ou por uma ingênua conduta sexual de Gabriela, *Gabriela, cravo e canela* (1958) de Jorge Amado, mulher-natureza, incapaz de entender e atender determinadas normas sociais.[...] Qual seria o significado da não representação materna para a mulher negra na literatura brasileira? [...] Teria a literatura a tendência em ignorar o papel da mulher negra na formação da cultura nacional? (EVARISTO, 2005a)

Com relação à formação de nossa cultura, principalmente no tocante às características linguísticas, podemos discutir um dos maiores fenômenos de fundação nacional, o da língua brasileira com o *pretuguês*, de que fala Lélia Gonzalez (1984). Para a autora, este influencia a fala e a formação dos filhos dos senhores de engenho, as palavras africanas traduzidas para uma língua que se tornaria afro-brasileira, trazendo à língua portuguesa do Brasil uma capacidade única de recuperar e inculturar os dizeres e saberes das nações diaspóricas.

Importante demolir a velha imagem da mãe preta, ao mesmo tempo que se lhe atribui a criação de valores e princípios humanos que foram sendo passados, ainda que vigiados, aos descendentes dos colonizadores.

Ora, se sabemos que mãe é quem amamenta, dá banho, cuida, veste e ensina os filhos, sabemos quem é a verdadeira mãe, porque "a branca, a chamada legítima esposa, é justamente a outra que, por impossível que pareça, só serve pra parir os filhos do senhor. Não exerce a função materna. Esta é efetuada pela negra. Por isso a "mãe preta é a mãe" (GONZALEZ, 1984, p. 235).

E se é a mãe quem ensina, e a mãe preta é a mãe, podemos, ainda no campo da formação da língua, atribuir às mulheres escravizadas dentro das casas-grandes a formação dos rebentos portugueses, a matriz real e original da língua portuguesa.

Após a leitura deste capítulo e a exposição das raízes do pensamento discriminatório brasileiro, somos todas convidadas a refletir sobre o alerta da escritora Conceição Evaristo (2005): "Estaria o discurso literário, como o histórico, procurando apagar os sentidos de uma matriz africana na sociedade brasileira?"

Em tempos mais recentes, Sueli Carneiro (2011) comenta um triste fato ocorrido durante uma competição da seleção brasileira de voleibol, quando a atacante Virna, em declaração às câmeras de TV que cobriam a disputa, promete ganhar das cubanas, referindo-se às mesmas por "aquelas negras". Quer seja na declaração da atleta, quer seja nas casas das famílias brasileiras, "aquelas negras" de lá e "essas negras" daqui, as diversas mulheres racializadas vivem os mesmos impedimentos, são vítimas de uma reatualização do racismo que ora inferioriza, ora animaliza, ora sexualiza e ora vilaniza as mulheres negras.

Em 1981, quando Audre Lorde, pensadora e escritora negra, diz na apresentação principal da conferência da Associação Nacional de Estudos de Mulheres em Storrs (Connecticut) que as mulheres negras "tiveram" que aprender a se mover por entre sua raiva, usando-a como força e poder em seu cotidiano, ela nos vaticina que a raiva precisa ser utilizada como propulsor de nossa autoestima.

> Mulheres de cor na América cresceram dentro de uma sinfonia de raiva por serem silenciadas, não escolhidas, por saberem que quando sobrevivemos é apesar de um mundo que não valoriza a nossa falta de humanidade, e que odeia a nossa simples existência fora do seu serviço. E eu digo sinfonia no lugar de cacofonia porque nós tivemos que aprender a orquestrar aquelas fúrias para que elas não nos destruíssem. Nós tivemos que aprender a nos mover entre ela e a usá-la como força e poder e ideias dentro das nossas vidas cotidianas. Aquelas de nós que não aprenderam isso, não sobreviveram. E parte da minha raiva é sempre uma queda pelas minhas irmãs que caíram. (LORDE, 2019, p. 34)

A presença dessa mulher nos espaços de decisão fez dela grande articuladora quando a questão é a análise de sua própria vida e a do grupo que permanece no poder exatamente por causa de sua exploração. Ao viver entre as camadas menos abastadas, sendo sempre subalternizada, a invisibilização que lhe foi imputada serviu para formar uma mulher intensamente observadora que, camuflada pela cor de sua pele – mais uma vez a marca que virou seu estigma (IANNI, 2004) –, segue se transportando entre os diversos espaços de opressão que a segregam, mas não segue displicentemente. Ela aprende, observa, ouve, estuda, calcula e burila sua consciência crítica, enquanto fortalece o grupo de mulheres do qual faz parte.

Uma outra visão da figura da mãe preta, já descrita aqui e muito bem definida por Patricia Hill Collins (2016), quando fala das mulheres negras que atravessam as cidades para trabalharem nas casas dos patrões e patroas, traz a face de uma mulher consciente da exploração de seu trabalho, que experimenta uma visão privilegiada das camadas abastadas, acompanha as relações entre os grupos dominantes, percebe as convenções sociais que determinam a manutenção das desigualdades enquanto alimenta as famílias brancas. Ao retornar para sua casa, planeja suas estratégias de sobrevivência em conjunto com suas iguais, baseada no que vê e ouve diariamente.

A capacidade de adaptação das mulheres negras às condições adversas que lhes são imputadas jamais deve ser confundida com fraqueza ou covardia, já que, ao longo da história, foram diversas as maneiras dessas mulheres se moverem por entre a vigília atenta dos senhores, patrões e chefes. Os cuidados com o corpo e com a mente diante de tantas dificuldades sempre foram primordiais para pensar seu futuro e o futuro de sua família:

Condutas de mulheres negras brasileiras se inscrevem também desde a escravidão, como suportes psicológicos para elas próprias, garantindo o equilíbrio de seus companheiros, de seus filhos e de toda uma família extensiva. As mulheres da África tornadas escravas no Brasil, assim como suas descendentes, foram responsáveis por muito das reinvenções das tradições africanas nas terras brasileiras. Um caso exemplar é o das "Tias Baianas", cujo destaque no Rio de Janeiro é dado à Tia Ciata [...]. Outras mulheres, como Ciata, a presença da festa, tanto quanto do labor, exorcizavam suas dores nas danças, nos cantos, nas possessões do candomblé, e/ou na fé católica enegrecida, como as rainhas de congadas, nas festas de Rosário. (EVARISTO, 2005, p. 4)

No Brasil, onde o racismo e o sexismo acompanham a pigmentação da pele, o preterimento é assunto-base de toda discussão. Mulheres negras lidam diariamente com a condição de exclusão e com os efeitos dela em sua vida e mente. Podemos ver exemplos na narrativa de Chica da Silva:

Já na adolescência foi diferente. Porque coincidiu a mudança de escola quando eu tinha 11 anos com a entrada nesse ambiente mais abertamente hostil. Então havia essa coisa da estigmatização social dos alunos pela escola e também dos colegas brancos que eram hostis e a gente depois entendia o porquê. Comigo durante um tempo a relação era ambígua – porque todo mundo queria fazer trabalho em grupo comigo, né? No momento em que eu desvendei esse racismo e atirei essa palavra – racista – na cara de alguns, passei a ser execrada, mesmo hostilizada abertamente por algumas pessoas brancas, e evitada por outras. Era um ambiente muito insalubre, do ponto de vista das relações raciais e do impacto que elas viriam a ter em mim. As pessoas brancas eram, em grande parte, abertamente racistas ou indiferentes (aliás, um dos grandes males do mundo é a indiferença). (Fragmento da narratva de Chica)

O dia a dia e as relações de trabalho, na escola, no cotidiano, na vida, são perpassados por construções negativas. A perspectiva de mobilidade social é desestimulada a cada momento:

> Quando empregadas, as mulheres negras ganham em média metade do que ganham as mulheres brancas e quatro vezes menos do que os homens brancos [...]. As mulheres negras brasileiras compõem, em grande parte, o contingente de trabalhadores em postos de trabalho considerados pelos especialistas os mais vulneráveis do mercado, ou seja, os trabalhadores sem carteira assinada, os autônomos, os trabalhadores familiares e os empregados domésticos. (CARNEIRO, 2011, p. 129)

Relembrando o triste fato contado por Sueli Carneiro no início deste subitem, devemos pensar que "aquelas negras" de lá são também "essas negras" daqui, assim como a mulata rainha no carnaval é também a empregada doméstica. "Aquelas negras" terminaram por vencer a competição final contra a seleção brasileira. Virna não cumpriu o prometido. "Aquelas negras" levaram a medalha de ouro.

CAPÍTULO 3
TRAUMA, BRANQUIDADE, VESTÍGIOS E MEMÓRIAS NAS EXPERIÊNCIAS DE MULHERES NEGRAS

Este capítulo tem como cerne pensar sobre o trauma/ferida colonial, a partir das experiências vividas por mulheres negras. Para isso, utilizamos as narrativas de nossas interlocutoras. Tomando a língua portuguesa como referência e procurando uma série de acepções do termo *trauma*, obtivemos resultados que em geral apresentam seu significado como um evento traumático, uma lesão que impõe uma ferida, o resultado de um choque de fora para dentro do corpo que pode deixar marcas duradouras também na mente. Podemos imaginar que, ao narrar suas histórias, esse momento de choque se reencena e a ferida "sangra", daí podemos pensar nas somatizações apontadas pelas próprias interlocutoras.

Em todas as narrativas foi possível encontrar expressões, frases que dissessem o sentimento das interlocutoras ao viver a experiência de racismo. Em muitos dos casos, quando reativamos as lembranças acerca de momentos de sofrimento, a ferida volta a sangrar. Sangrar pode ser doer fisicamente, pode ser o sentimento de uma tristeza profunda, podem ser diferentes somatizações que tornam visíveis no corpo, ou invisíveis na mente, o choque causado pelo evento racial.

Sugeri às nossas interlocutoras que encontrassem um momento de recolhimento, um período em que estivessem sozinhas e com tempo para uma escrita mais relaxada. Algumas informaram que foi possível se dedicar dessa forma; outras tiveram grande dificuldade para encontrar um momento de reflexão. A maioria relata ter sido difícil escrever em face do tema movimentar lembranças dolorosas, mas também pelo desafio de produzir uma escrita formal. Colocar no papel seus pensamentos, suas lembranças dispara questões psíquicas bastante conhecidas pelas mulheres negras. A dificuldade de apresentar-se em primeira pessoa pode ser uma dessas questões com que convive a mulher negra:

> Quando recebi o convite para ser uma das narradoras desta pesquisa não imaginei que fosse ser difícil descrever minha experiência. É tudo tão vivo e igualmente rotineiro que sentar, organizar uma narrativa não foi simples; conseguir sentar e dizer pra mim mesma "reconheço este crime, vivo e viverei com ele", e isso machuca. (Fragmento da narrativa de Luiza)

Dessa forma, a espinha dorsal desta obra foi a análise dos diversos eventos traumáticos por que passaram nossas narradoras, a fim de conseguirmos compreender os dispositivos que os fortalecem, as maneiras com que podem se apresentar, enquanto forjamos formas de desmontar as estratégias psíquicas introjetadas pelos efeitos perversos que o racismo – esse trauma coletivo – pode produzir.

Como nomear os processos e sentimentos pelos quais se passa? Como explicar em palavras uma dor indizível e que ainda não terminou? Quando pedimos a essa mulher, silenciada constantemente, que fale, que escreva sobre si, sobre sua vida, esperamos que não seja um processo fácil e rápido, pois há uma necessidade de encontrar formas de aprender a se libertar do jugo do silêncio e também reconhecer as estratégias de sobrevivência ao alheamento, como nos diz Ponciá no fragmento a seguir:

> [...] O tempo passou, os olhos foram abrindo e fui me valorizando. Comecei a sair (aos poucos) do casulo e entender todo esse processo da questão racial. [...] O racismo nos inibe, faz nos acharmos incapazes, nos exclui, nos responsabiliza por nossas dores e, pior de tudo, nos mata. O racismo faz com que toda nossa caminhada seja dobrada (é desleal em comparação aos brancos), pois temos que sempre provar algo. Provar que somos capazes, que não somos "bandidos", que temos história, que

temos valores e que não devemos nada a ninguém. (Fragmento da narrativa de Ponciá)

Fica visível na narrativa de Ponciá esse processo de alienação de si, como também um processo de transformação (sair do casulo) que se deve, segundo a interlocutora, ao entendimento da questão racial. Por outro lado, as narrativas das sujeitas da pesquisa vêm permeadas por seus sentimentos, por uma série de memórias ativadas pela convocação à lembrança de momentos e/ou eventos de racismo cotidiano. Seus relatos de experiências com a discriminação, a inferiorização, a escrutinação pública, o aumento do sentimento de solidão, de "desencaixe", uma grande angústia em perceber os processos de exclusão e segregação por que passam, tudo isso vai trazendo às mulheres negras grande aflição e um sem-número de perguntas sem resposta.

> Às vezes acho que é inútil e que nunca vamos sair dessa posição de subalternidade e invisibilidade na qual nos colocaram. Mas logo levanto a cabeça e me encho de esperanças. Acredito que nós, mulheres pretas, somos fortes. Não no sentido de aguentarmos tudo, mas na nossa grande capacidade de lutar e resistir, pois fazemos isso desde o momento da nossa concepção. (Fragmento da narrativa de Célie)

A vida dessas mulheres flerta sempre com uma não vida, com um processo de encarceramento do EU, e suas existências estão cada vez mais atreladas a uma luta por direitos e pela possibilidade de um estar no mundo livre de desumanizações e amputações de alteridades.

Quando Frantz Fanon (2008) constrói o capítulo "O preto e a psicopatologia", em *Pele negra, máscaras brancas*, lá está o desejo de dissuadir aquele que deseja explicar a condição de mulheres e homens negros (falo nas mulheres mesmo que ainda pareça que elas não existiam para determinados estudos) como similar à condição do branco. Sabemos que a psicologia se baseia em mitos e visões de mundo europeizadas e, em sua maioria, elas não explicam (nem pretendem explicar) a perversidade do racismo e seus efeitos sobre as mulheres e os homens negros.

Grada Kilomba (2019) nos coloca diante do mito de Édipo e o quanto ele, ensaiado numa psicologia tradicional e de base ocidental, não explica nem atende às diversidades de interpretações da mente e do comportamento da mulher e do homem negros diante do contato com o mundo branco. Numa abordagem psicanalítica tradicional, ancorada na figura de Édipo, a família é o seio das discussões relacionais, é o local de entendimento e extravasamento das emoções e conflitos. Deve-se entender e resolver tudo por meio da investigação das relações familiares e suas dissonâncias.

Mas o que fazer quando observamos a realidade das relações raciais entre brancos e negros? Como estudar e analisar as questões subjetivas e a produção de sofrimento psíquico em indivíduos que, para a branquidade, não são incluídos na ideia de família? Tanto Fanon quanto Grada Kilomba nos ensinam que o preto, como "objeto fobógeno e ansiógeno" (FANON, 2008, p. 134), não foi pensado como protagonista dos estudos dessa psicologia branca e de qualquer outro campo que se ponha a pensar as relações subjetivas e intersubjetivas que envolvem as populações negras.

Ressalto que este não é um trabalho sobre psicologia e/ou psicanálise, mas se ancora nas reflexões críticas que intelectuais negros e negras – psicólogos, antropólogos, sociólogos, psiquiatras, pedagogos, artistas, assistentes sociais, jornalistas etc. – têm produzido, denunciando a incapacidade dessa psicologia ocidental de tratar os traumas infligidos pela branquidade, enquanto a filosofia de bases europeias também desconhece (ou finge desconhecer) um mundo ancorado em aportes raciais.

Para nós, negras e negros, não é uma realidade a força de verdade presente no complexo de Édipo. Estamos longe de conviver com ela e observarmos sua inexistência entre nosso povo. É duro, mas necessário dizer, como diversos dos nossos intelectuais, que a neurose surge entre nós quando do contato com a cultura branca e com a força de sua supremacia.

Ora, se a branquidade construiu um objeto a quem odiar e projetar suas próprias imperfeições, o sofrimento psíquico por que passam a mulher e o homem negros advêm da imagem criada por esse mundo branco que falseia a existência negra e sobrepuja a branca. Se há uma maneira de encenarmos o complexo de Édipo, ele vem da loucura do branco que reposiciona o mito assassinando a alteridade negra enquanto opera também no desejo de possuí-la.

Podemos pensar a relação com o OUTRO como um exemplo antropofágico: mata-se o negro a fim de possuir sua força criativa, o seu Eu. Ainda pensando no mito de Édipo, o homem negro é o pai, a quem se deve matar. A mulher negra é a mãe, a quem se pode possuir. E esse jogo de superioridade branca em que somos ora descartados, ora desejados, é onde mora nosso sofrimento. É ele que produz os suicídios, as dores, as feridas que ficam gravadas em nosso corpo e em nossa mente. Esse é o trauma.

> Eu escrevi a sangue na calçada dos invasores: vocês nos devem. Minha profecia diz que, assim como nós, os nossos fantasmas virão cobrar, que já estão a caminho. Escrever a frase na pele do país não garante que cesse a luta contra a sensação de que sou eu que devo. Isso não passa de uma forma de cortar o mundo. E o mundo é meu trauma. Eu sou maior que o meu

trauma. (?) Porque se o mundo, que é meu trauma, não para nunca de fazer seu trabalho, então ser maior que o mundo é meu contratrabalho. Eu achei que vindo aqui eu ia poder pegar o que é meu, mas eu não me vejo em absolutamente nada. Só encontro espelhos brancos e penduricalhos. Nada do que há aqui acerta a conta dessa dívida porque essa dívida é impagável. (MOMBAÇA, 2021)

Jota Mombaça, intelectual negra, traz o pensamento de que o mundo é o trauma das pessoas negras. Assim corrobora as ideias de Mbembe (2018), Kilomba (2019) e Fanon (2008), os quais trazem a raça branca, sua ideia de superioridade e a criação do negro como o Outro – como o grande choque traumático experienciado pelo corpo negro, produtor de traumas e sofrimentos psíquicos e corporais que, aqui nesta obra, tornam-se dizíveis através das narrativas analisadas.

A artista Castiel Vitorino Brasileiro (2022) apresentou, em 2019, uma instalação poético-artística chamada *O trauma é brasileiro*, na qual podíamos ver um "quarto de cura" no qual havia máscaras, escritos, fotografias, plantas e roupas apresentados como amuletos, objetos reunidos a fim de fazer circular uma energia de saúde física e mental com o objetivo de tratar corpos e mentes dos traumas vividos. Além disso, a exposição ofereceu sessões de tratamento com benzedeiras e promoveu mesas de conversa após a visitação.

A instalação teve o apoio do Fundo de Cultura do Estado do Espírito Santo e foi vencedora de edital para apresentação. Além do fato de a artista se propor a pensar novas formas de articular os saberes ancestrais em nossa sociedade, há a necessidade de conduzir o Estado brasileiro a lidar com medidas de reparação, saúde e segurança para as mulheres e os homens racializados. Compartilhar os saberes dos povos originários e dos povos africanos, junto a seus conhecimentos ancestrais, é uma medida de educação, formação e cura para um mundo já em ruínas.

Voltando às narrativas, podemos ver que algumas trazem por diversas vezes a imagem da dor, da impotência, da solidão, da inferiorização. A investigação seguirá por meio da descoberta de sinais que tornem dizíveis essas feridas causadas pelo racismo e apontadas nas produções textuais dessas mulheres.

Pensando no ato de narrar uma história, podemos analisar a face catártica e reconstrutiva desse movimento e o quanto a reencenação desses momentos pode ajudar no processo de sublimação de traumas existentes. Bastos (2004), quando do estudo das narrativas de vida cotidiana por meio da Linguística Aplicada, nos aponta a importância de o indivíduo "contar" sua história. Isso porque a possibilidade de rememorar determinadas lembranças pode colocá-lo diante da resolução de seus impasses, assim como também reposicioná-lo diante das dificuldades do tempo presente, ajudando a superá-las.

Tomando o conceito de narrativa segundo a Linguística Aplicada e a Sociolinguística Interacional, que pesquisam as interações entre indivíduos através do discurso, observamos que há diversas lacunas que esses estudos não conseguem preencher. Esse tipo de pesquisa não contempla nossas dúvidas e nossos estudos em torno dos africanos e seus descendentes na diáspora, apenas pelo fato de nossa narrativa ter ecos de uma história coletiva e nossas interlocutoras não contarem histórias comuns, como aponta o trabalho da professora Liliana Bastos (2004).

Nossas histórias não são comuns, nossas narradoras não são comuns, as narrativas não são sobre fatos simples; pelo contrário, elas refletem a neurose de toda uma sociedade que produz adoecimento aos indivíduos negros. Mas concordo inteiramente quando a autora citada coloca que narrar pode ser uma das maneiras pelas quais damos sentido ao mundo em que vivemos. É nesse sentido que reafirmo o caráter catártico de narrar histórias.

Visões importantes da contação, da narração do trauma vivido são trazidas por Márcio Seligmann-Silva (2008), que analisa que, na experiência de catástrofes ou ainda na vivência de um evento traumático, essas visõesse apresentam de forma a produzir um testemunho do indivíduo. Apesar de não estarmos falando especificamente sobre testemunho, o fato de nossas narradoras terem sido convocadas a contar suas histórias de vida e trabalharem na rememoração dos eventos traumáticos pelos quais passaram faz com que a atmosfera de contação permita a produção de um texto que pode se configurar como o relato de uma testemunha, com uma característica apontada por Seligmann, os testemunhos individuais que se fundem aos coletivos.

Outra ligação entre os estudos do autor e a produção de nossas interlocutoras pode se dar através do roteiro de perguntas, o qual situa as participantes durante a "contação escrita" como uma espécie de narradora onisciente, que enquanto narra o fato se posiciona "de fora" do acontecimento traumático, agindo na análise de cada momento. Sem dúvida, se formos utilizar os conhecimentos literários a respeito do foco narrativo dessas histórias de experiência de vida, teremos muita dificuldade em enquadrá-las numa forma única de expressão de narração, já que as histórias testemunhais podem mostrar um narrador que funde suas perspectivas de personagem, onipresença e observação.

Quando questionadas sobre como se sentiram ao contar suas histórias, as interlocutoras em geral disseram ter se sentido bem, apontando a importância de poder expor questões que as incomodavam sem medo ou receio de julgamento, como no fragmento a seguir, tirado da narrativa de Zica: "Me senti bem em expor um pouco da minha história. Muito bom podermos nos expressar sem medo e sem qualquer receio."

O sentimento de desabafo, de alívio em poder falar sobre questões tão difíceis também foi colocado:

> Quando tenho a oportunidade de contar minha história, vejo como um momento de desabafo. Neste trabalho, senti o alívio por ter alguém disposto e interessado em ouvir a minha história. Me sinto leve por poder descarregar esse peso. Pensei no que faria de diferente, pensei no que eu aprendi e no quanto eu evoluí. Me sinto mais forte para seguir e não desistir. (Fragmento da narrativa de Ponciá)

Assim, narrar experiências fornece possibilidades de pensar sobre traumas e vestígios. Bastos (2004), quando relata a possibilidade da narradora ou do narrador de contar uma segunda história, ação que pode suceder à contação da primeira, talvez não tenha observado que, nos estudos sobre as mulheres negras, pode ser que a característica coletiva de sua visão de mundo leve as interlocutoras a desejarem ouvir histórias e não somente contá-las. Podemos dizer que a história de uma mulher pode abraçar e modificar a vida de uma outra, enquanto o ato de narrar produz um eco no grupo de narradoras mesmo que elas não tenham tido contato umas com as outras durante a contação.

Ao analisar essas produções escritas, me debrucei sobre o conceito de Escrevivência, cunhado pela escritora Conceição Evaristo (1996), no intuito de oferecer a este trabalho uma ferramenta que ressalte uma escrita que vem da vivência pessoal negra, algo que aporta num presente, mas em diálogo intenso com nosso passado como seres afrodiaspóricos.

Escrever – viver – e se ver é a perspectiva trazida pela autora, que pretende registrar, por meio da escrita, a experiência de pessoas negras, em sua maioria mulheres, que recusam uma escrita que as subjuga, enquanto criam e recriam suas próprias histórias, das quais são as protagonistas e autoras.

Busquei construir um "quadro" que ilustrasse a quantidade de sentimentos e efeitos traumáticos produzidos sobre essas mulheres, com a intenção maior de enumerá-los e amplificá-los, tirando-os da categoria de invisibilidade que os camufla e por vezes provoca dúvida sobre sua existência.

Apresento uma lista das palavras que aparecem nas narrativas produzidas sobre experiências de racismo, quando as participantes contam suas lembranças da infância ou ainda como se sentem em relação à forma como são tratadas em sociedade. Divido esses termos relatados por temas, explorando o campo semântico das palavras escritas por elas. O desejo é criar um "mapa" dos sentidos e acepções que foram sendo registrados e introjetados por nossas participantes em suas relações interpessoais e sociais.

Diante da pergunta disparadora "O que você pensa sobre o racismo?" (veja o roteiro de perguntas na Introdução – Nossas narradoras – Escrevivências e no Anexo – Narrativas), as interlocutoras responderam utilizando-se de palavras que se aproximam do campo semântico do negativo. Busquei também compilar as expressões e os termos escritos pelas interlocutoras, ao narrarem o que foi somatizado diante da experiência indizível do racismo, o que aparece como efeito do choque ou evento traumático, e que provoca marcas no corpo. Nossas escritoras apontaram também os estereótipos que produzem dúvida na mente de quem sofre o trauma. São os pressupostos manipulados pela branquidade e que podem circundar a mente colonizada e amalgamar seus significados no imaginário social. Nas narrativas, estes aparecem muito como adjetivos de cunho pejorativo imputados às mulheres negras. As interlocutoras trouxeram também as sensações que chamo de coletivas, condições que atravessam a maioria das mulheres negras e que foram ressaltadas em todas as sete narrativas, inclusive com vocábulos de mesmo campo semântico.

O objetivo de expor essas palavras de forma organizada é trazer relevo e visibilidade àquilo que tem sido escondido e camuflado em nossa sociedade, enquanto revela a assustadora quantidade de emoções negativas a que têm sido submetidas as mulheres negras brasileiras em contato com a filosofia da supremacia branca. Este trabalho tem como objetivo fazer ver e dizer essas dores, mas também ver e dizer os vestígios de resistências, de insubordinação, de teimosias. Antes de trazermos essa dimensão, é preciso discutir sobre a hegemonia branca. Seguem as listas que ilustram esse conjunto de palavras utilizado pelas interlocutoras.

Palavras/pensamentos das interlocutoras acerca do racismo
- Genocídio
- Desagrado
- Estranhamento
- Repulsa
- Brutal
- Cobrança
- Hostilidade
- Insalubre
- Processo doído
- Preterimento brutal
- Horror
- Matança
- Ruindade

- Doença da alma
- Crime perfeito
- Monstro
- Mancha

Somatizações diante da experiência do racismo
- Dor
- Peso
- Culpa
- Vergonha
- Constrangimento
- Sensação de dilaceração
- Depressão profunda
- Adoecimento
- Sensação de isolamento
- Irritação
- Timidez
- Rejeição
- Dificuldade de pedir ajuda
- Crise psíquica
- Pressão
- Espanto
- Sensação de ferida aberta
- Abalo emocional
- Sensação de sangramento
- Medo

Pressupostos manipulados pela branquidade
- Serviçal
- Subalterna
- Exótica
- Diferente
- Escravizada

- Ameaça
- Ignorante
- Burra
- Ladra
- Lixo
- Descartável
- Raivosa
- Objeto

Sensações/condições
- Desproteção
- Desumanização
- Desconcerto
- Miserabilidade
- Dificuldade
- Incômodo
- Invisibilização
- Sensação de extermínio
- Estigmatização
- Exploração
- Opressão
- Desigualdade
- Objetificação
- Cobrança
- Exclusão
- Perseguição
- Exaustão
- Discriminação
- Hostilidade
- Indiferença

3.1 Sobre o encontro com a branquidade

Neste capítulo, os debates sobre trauma como ferida colonial e como construto social dão o tom da pesquisa, junto às análises sobre a branquidade.

Falar sobre branquidade implica investigar, ainda e neste momento, que traços dessa identidade racial branca (BENTO, 2018) operam nas desigualdades percebidas e vividas pela população negra do Brasil. A estrutura eliminatória, que faz com que uma série de pessoas esteja sempre no limiar da não vida, de uma subexistência, é o que move e dá sustentação à nossa sociedade como uma das mais desiguais do mundo.

Acredito na dificuldade de definir a branquidade, visto que ela se torna, por diversas vezes, fenômeno – quando da possibilidade de atribuir qualidades às pessoas, criando categorias suspensas baseadas em superioridade e inferioridade –; processo – quando atende a um esquema da sociedade que exclui, segrega e retira benefícios daqueles que não possuem seus privilégios –; e arma – quando define a extinção de um grupo tendo como base a cor de sua pele e sua origem social.

Discuto também o conceito de narrativa pelo viés da escrevivência, conceito já trazido anteriormente. Tratamos de uma escrita de mulheres negras, que não se conforma com os lugares ocupados por essas mulheres e que narra e (re)narra uma história individual, mas que "vaza" para o coletivo. A função reparadora, catártica (BASTOS, 2004), modificadora da escrita será debatida, bem como a expressão de liberdade que essa escrita pode trazer.

Chamo também ao debate o conceito de memória, vinculando as histórias produzidas pelas narradoras à descoberta de vestígios de uma história compartilhada pelos africanos e seus descendentes, evocando um pensamento afrodiaspórico, que pode conduzir à materialização de um passado não vivido.

Para entender como funciona o racismo, também é necessário entender como, em nosso país, opera a ideia de superioridade e inferioridade. Racializar um determinado grupo, colocá-lo como diferente e destacá-lo atribuindo características negativas são formas de excluí-lo do sistema de privilégios (SCHUCMAN, 2014) que compõem uma sociedade, retirando esse grupo ou categoria da "lista" de beneficiados, principalmente, no crescimento econômico de um país.

Nos estudos sobre a branquidade, um grande interesse pode estar em compreender o porquê de pessoas negras se sentirem desconfortáveis e por vezes ameaçadas na presença de pessoas brancas.

Ponciá, uma de nossas interlocutoras, traz para a discussão alguns de seus sentimentos com relação a esse "encontro" entre as duas raças, enquanto narra partes de seu passado:

> A minha infância e adolescência foram as fases [em] que mais sofri com o racismo. Percebo que ainda sofro consequências disso, ainda que em pequenas doses. [...] Por estudar em escola particular, fazia parte da minoria negra em sala de aula – mesmo sendo na Baixada –, tornando-me alvo fácil dos professores (BRANCOS). (Fragmento da narrativa de Ponciá)

Quando Ponciá nos traz suas lembranças da infância e da adolescência e a elas agrega o sofrimento com o racismo, podemos perceber o quanto a convivência com pessoas brancas, junto ao que elas representam como um todo (branquidade), pode marcar negativamente a vida de uma menina negra. Um pequeno fragmento de seu relato nos traz uma expressão chocante em relação ao sentimento de Ponciá de insegurança e ameaça na própria escola, lugar onde se espera sentir-se incluso e confortável, no mínimo.

Ao concluir que se tornara "alvo" fácil da tal professora, a interlocutora nos apresenta algumas das facetas do racismo expostas pela branquidade que podem ser a sensação de insegurança, o sentimento de que há uma "força", ou ainda um grupo de pessoas que deseja destruí-la. Afinal, um alvo é algo que se coloca e se projeta sobre alguém ou algo que se deseja aniquilar. Aqui podemos pensar nessa "destruição" de uma forma bastante subjetiva, no sentido de constranger, limitar, segregar esse indivíduo que tem o alvo sobre si ou se sente alvo no meio em que vive.

Quanto à percepção de que está em menor número pela presença de poucos negros na escola, Grada Kilomba (2019) comenta trazendo a ideia de performatividade da negritude. Quando um indivíduo negro se dá conta de que é o único presente numa sala de aula, no local de trabalho, na plateia de uma montagem teatral, até mesmo no cinema, há um "dispositivo" mental que o impele a pensar e agir como "representante dessa raça"(negra).

A cadeia de atitudes e sentimentos que se dará daí em diante pode ir desde sentir medo, recolher-se, exigir demais de si numa atitude perfeccionista ao extremo, mostrar uma atitude combativa e defensiva, devido ao sentimento de que essa pessoa está sendo observada e avaliada o tempo todo, enquanto se percebe também descartada e indesejada, como mais uma vez nos diz Ponciá:

Os lugares que geralmente costumo frequentar com pessoas não negras são restaurantes, teatros e cinemas. Porém, o local que mais sinto diferença no tratamento é no restaurante. O atendimento fornecido pelo garçom (por incrível que pareça, geralmente negro) não é o mesmo aos não negros. Quando vou com meu esposo, esperamos bastante para ter a abordagem inicial, a nossa refeição demora e o atendimento geralmente não é dos melhores. (Fragmento da narrativa de Ponciá)

Três de nossas narradoras apontaram se sentir desconfortáveis em locais públicos, principalmente quando estão à procura de atendimento, ou ainda em seus espaços de trabalho ou estudo. Seguem os relatos de Célie e Sofia:

Se entro numa loja considerada chique, na maioria das vezes sou ignorada e, quando sou atendida, geralmente me oferecem o produto mais barato. Isso quando não sou vigiada o tempo todo pelos seguranças. Na maioria das vezes, sou invisível. É como se eu não [es]tivesse naquele espaço. E, quanto mais elitizado, pior. A academia é um desses lugares. (Fragmento da narrativa de Célie)

E ainda:

Em alguns lugares, como clínicas, e por atendentes, que não são todas, mas o olhar às vezes não nos é direcionado, e as perguntas são feitas o mais rápido possível e num tom que é para não deixar dúvidas. (Fragmento da narrativa de Sofia)

Outro assunto trazido à tona em quase todas as narrativas é o desprezo ou a subestimação. Outras condições percebidas são também a desvalorização ou ainda a depreciação. Décadas antes, Frantz Fanon (2008) dialogava sobre esse sentimento de imperfeição ou de ter que performar perfeição (KILOMBA, 2019), como aponta na seguinte passagem de *Pele negra, máscaras brancas*:

> Era o professor negro, o médico negro; eu, que começava a fraquejar, tremia ao menor alarme. Sabia, por exemplo, que se um médico negro cometesse um erro, era o seu fim e o dos outros que o seguiriam. Na verdade, o que é que se pode esperar de um médico preto? Desde que tudo corresse bem, punham-no nas nuvens, mas atenção, nada de bobagens, por preço nenhum! O médico negro não saberá jamais a que ponto sua posição está próxima do descrédito. Repito, eu estava murado: nem minhas atitudes polidas, nem meus conhecimentos literários, nem meu domínio da teoria dos quanta obtinham indulto. (FANON, 2008, p. 109)

Dialogo com o pensamento fanoniano quando percebo que há um sentimento o qual compartilho inteiramente e o revivo por diversas vezes nesses 44 anos. É o que chamo de "não ser a pessoa certa" ou, de maneira mais formal, uma inadequação. Nesse sentimento estão inclusas as vezes que me senti mal achando que não havia feito o bastante ou dado o meu melhor numa apresentação, na realização de uma tarefa escolar, quando pequena, e mais tarde – quando jovem, no início de minha vida profissional, momento em que nos sentimos inadequados quaisquer que sejam os lugares que ocupemos e os anseios que tenhamos.

Ser a pessoa certa, ser reconhecida e escolhida, dar conta do melhor trabalho, da melhor apresentação é uma armadilha da branquidade que por diversas vezes nos captura. O imaginário dessa mulher negra com suas intersecções – sou mulher e sofro os *desprivilégios* de ser vista como menos inteligente numa sociedade machista, e enquanto negra acumulo também o estigma de ser vista como ser inferior numa sociedade racista. Se acertamos, somos parabenizadas como nenhum outro indivíduo o é, como se fosse altamente surpreendente que pudéssemos fazer algo tido como digno de mérito. Mas se erramos, logo aparece uma frase ou postura que reforçará o descrédito no indivíduo numa raça inteira e nos colocará no lugar construído pela ideia da supremacia branca – o inferior.

Retomando a fala de Ponciá, devemos lembrar que a época escolar é um momento em que estamos construindo nossos pensamentos e a forma que preferimos nos apresentar ao mundo. E se nessa época nosso sentimento é de confronto e desconfiança, formar um pensamento positivo a respeito de si e das relações raciais pode ser um verdadeiro desastre.

Quando a narradora apresenta o tipo de relação entre ela e a professora, podemos relembrar as inúmeras histórias de professores que se utilizam de seu "poder" em sala de aula para inferiorizar e silenciar alguns alunos. No caso de Ponciá, há um motivo para se sentir alvo da professora. Um motivo para se sentir perseguida:

> Em meio a uma série de situações, destaco o período do antigo 1º grau (atualmente ensino fundamental). Sendo mais exata, antiga 4ª série, aos meus 9 anos de idade. Lá havia uma professora chamada Regina: branca, olhos verdes, cabelos negros na altura do ombro e alta. Nas mãos dela eu sofri muito com o racismo!!! Hoje faço essa leitura, mas na época não entendia os motivos da diferença no tratamento direcionado a mim. Na aula dela, eu era exposta ao ridículo, sofria calada. Não falava com a minha mãe, com receio do que poderia acontecer depois da ida dela à escola. Dona Helena – minha mãe – iria fazer a "chapa da racista esquentar", mas como eu iria continuar na escola (minha mãe amava a escola por ser referência

na região), tinha muito medo das consequências. (Fragmento da narrativa de Ponciá)

Nesse trecho do relato, podemos analisar como ela descreve a professora de sua 4ª série – "branca, olhos verdes, cabelos negros na altura do ombro e alta". Nos relatos do racismo cotidiano de que fala Grada Kilomba (2019), temos observado o quanto a memória guarda informações que nos são importantes ou que têm força em determinado momento de nossas vidas. Veja que Ponciá lembra exatamente o período escolar, sua idade na época e características físicas da professora em questão, características essas que podem se perder (e geralmente se perdem) depois de tantos anos terem se passado.

A necessidade de descrever o físico da professora nos traz a ideia de que esse perfil se contrapõe ao da narradora, e é exatamente no encontro desses perfis que ficam estabelecidas a diferença e a divergência entre eles. O fato de a professora ser "branca, [ter] olhos verdes, cabelos negros na altura do ombro e alta" torna-se um motivo de opressão e desconforto para a interlocutora. Schucman (2014) traduz de forma assertiva esse movimento quando nos coloca o seguinte:

> Outra consideração fundamental para se pensar a branquitude é que esta identidade racial, para além de criar uma fronteira externa entre brancos e negros, tem fronteiras e distinções internas que hierarquizam os brancos através de outros marcadores sociais, como classe social, gênero, origem, regionalidade e fenótipo [...]. (SCHUCMAN, 2014, p. 136)

Pensando nas palavras de Ponciá, podemos perceber que essa "fronteira externa" está expressa pela cor da professora e suas caraterísticas físicas (fenótipo), enquanto a "fronteira interna" pode ser exatamente a semântica dessas características, vista por um prisma social. Podemos pensar, no contexto brasileiro, o que uma mulher alta, de olhos verdes e branca significa.

Que poder essa "imagem" da branquidade tem diante de uma criança negra de 9 anos de idade, em processo de formação de sua identidade? Já pudemos ver anteriormente, neste trabalho, que o imaginário criado para as mulheres negras em nosso país segue uma série de características bastante pejorativas, enquanto as imagens atribuídas aos indivíduos brancos são sempre no ramo da superioridade, da beleza e do poder.

Assim, a simples presença de um corpo branco pode, por si só, inibir uma pessoa negra. Se tratamos de uma criança de 9 anos, que cisões e feridas essa percepção pode causar? Daí podemos pensar que a branquidade funda um processo de desumanização contínuo, atualizado e reatualizado pelas relações sociais.

"Na aula dela, eu era exposta ao ridículo, sofria calada." Vemos que Ponciá lembra como foi difícil a época escolar. A professora, que estava ali para apoiar e criar uma relação de empatia e confiança com os alunos, a expunha ao rídiculo perante a classe. Vemos desde o início da fala da narradora que há uma cisão entre o que é ser branco e o que é ser negro, um *apartheid* social, como visto em outros momentos e contextos mundiais. Essa é outra grande característica da branquitude como processo de entrave – o isolamento e a cisão entre raças.

Uma criança de 9 anos ia à escola todos os dias e passava por esses momentos com a professora de sua classe. Além desse fato cruel, a criança sofria calada, como diz Ponciá. Uma pessoa negra está acostumada com a interdição da fala. Sabemos que há um limite do que uma pessoa de pele preta pode dizer. A fala, a defesa e o direito exigido através do argumento são cassados às pessoas negras. Quando uma pessoa branca silencia uma pessoa negra, está expresso um dos projetos mais cruéis do racismo, que é a exclusão, o impedimento dessa outridade.

Grada Kilomba (2019) traz a ideia da máscara de flandres em sua potencial forma estética, mas também em sua forma de impor o silêncio. Na contemporaneidade ainda assistimos a variadas interrupções da fala, do pensamento, assistimos a modos de deslegitimação dos processos de formação das identidades negras. Quando o professor de uma classe "expõe uma aluna ao ridículo" (não importam os atos, mas sim o que estes produziram na criança) e quando essa criança sofre calada, podemos pensar que a ideia de saber e aprender também pode ficar confusa e disforme em sua cabeça.

Buscando uma análise mais aprofundada, o processo de aprendizagem pode passar a ser lido como algo que amedronte ou oprima as pessoas negras desde seu período escolar inicial até a vida adulta. Se o professor, visto como autoridade e figura mais importante numa escola, cassa o direito à expressão de uma aluna, a escola não comparece e não cumpre sua função formadora na vida de todos os alunos.

A fim de ilustrar esse sentimento de interdição, de sufocamento da expressão, trago um poema de minha autoria que pretende dialogar com o capítulo um do compêndio de Grada Kilomba (2019):

A máscara
Grada Kilomba disse que o negro, ainda hoje, sofria os castigos
da máscara
Que a nossa língua não falava, que a gente não comia porque o
outro não deixava pegar o que era dele.

Quem é esse "outro", que detém tudo o que aqui existe, se o que existe é de todo mundo?

Será que, para esse "outro", o outro sou eu?

Quem sou eu que só vivo, e sinto, e como, e ando se esse outro deixar?

Sem saber que existia um EU e um OUTRO, eu fui pesquisar pra entender por que não podia falar e comer. Por que a minha boca tinha de ser "controlada"?

Nem Morrison, nem Rimbaud, nem Lacan puderam me fazer entender o porquê da minha cor ser tão ruim para os outros...

Fanon conversou comigo e disse que era racismo. E que a sua irracionalidade era o que nos colocava como o OUTRO.

Mas me pergunto: quem é o "EU" e quem é o "OUTRO"?

Eu ainda quero poder falar

Você quer poder comer

Ela quer poder dizer o que pensa

Nós queremos saber o porquê!

Por que o outro é melhor do que eu? Por que o olhar do outro me define?

Quanto em nós essa máscara já silenciou que hoje ainda sinto que preciso de permissão para falar?

Nosso cotidiano é lidar com a triste e traumática colonização do pensamento...

Lidar com as injúrias escritas, ditas e pensadas... Lidar com a opressão e a crueldade de quem tomou nossa liberdade primeiro pela boca.

A boca que fala, que come, que luta, que ama, que não se deixa dominar, que inclui, que É.

Um pedaço de metal fixado por duas cordas atrás da cabeça e uma no queixo entrou na boca da minha raça e definiu quem podia falar. Até hoje define.

Ainda querem determinar o que nós podemos falar!

Querem determinar onde podemos andar, a que lugar podemos ir...

O colonizador quer o direito de continuar silenciando.

Eu, quero poder SER. Quero ser fato, poder, início, conceito, luz, dinastia, beleza.
E eu SOU. Você é que não sabe.
(Ludmilla Lis)

Nosso dia a dia e nossas relações sociais vão tomando o contorno de nossas crenças e da forma como vemos o mundo. Se a vida das pessoas brancas é pautada pelos privilégios que possuem diante de características baseadas em pressupostos supremacistas, como poderia o branco aceitar que pessoas que "não possuem" as mesmas características que ele desfrutem os mesmos privilégios? Talvez esse seja um dos pensamentos que ronda a consciência das pessoas da raça branca: a escolha em não dividir o mundo com outras que para elas, no fundo, não são iguais a si próprias e, portanto, não devem obter os mesmos benefícios em sociedade.

Tendo percorrido partes das narrativas produzidas por nossas interlocutoras e apresentado algumas das formas dizíveis do racismo por meio da escrita, no próximo subitem vamos adentrar o terreno dos debates teóricos acerca dos processos de alienação.

3.2 Feridas e processos de desumanização

Após iniciar a introdução de seu *Memórias da plantação* com um forte poema do escritor inglês Jacob Sam – "La rose" –, Grada Kilomba (2019) deixa-nos um questionamento e um desabafo:

Por que escrevo?
Porque eu tenho de
Porque minha voz,
em todos seus dialetos,
tem sido calada por muito tempo
(KILOMBA, 2019, p. 27)

Em referência ao escrito, ela diz:

> Esses cinco versos curtos evocam de modo bastante habilidoso uma longa história de silêncio imposto. Uma história de vozes torturadas, línguas rompidas, idiomas impostos, discursos impedidos e dos muitos lugares que não podíamos entrar, tampouco permanecer para falar com nossas vozes. (KILOMBA, 2019, p. 27)

Assim, como um grande desabafo, as sete narrativas trazidas para este trabalho seguem colocadas numa análise conjunta das falas de nossas interlocutoras, entremeadas às ideias e aos conceitos desenvolvidos por intelectuais que creio representarem um pensamento afrodiaspórico antirracista e que sustentam esta pesquisa.

Um dos capítulos que seguem quase que permeando todo o livro de Grada Kilomba é o que a escritora chamou de "Racismo Genderizado – '(...) Você gostaria de limpar nossa casa?'", em que conta um fato de seu passado, quando questionada em uma consulta médica se gostaria de trabalhar como doméstica na casa do profissional que lhe atendia. Ser interpelada como serviçal é das passagens mais recorrentes na vida de mulheres negras e que também aparece de formas diferentes, ou com algumas outras nuances, nos relatos de nossas narradoras.

No momento em que o tal médico desloca a paciente de seu papel inicial e a torna a "doméstica", de quem já falamos através de Lélia Gonzalez (1984) no segundo capítulo deste trabalho, ele desloca quaisquer corpos negros, neste caso de mulheres negras (podemos imaginar que de qualquer idade), para a função de serviçal de um homem branco. A velha sentença senhor > escravizado retorna com força total, e vemos como se retroalimentam e se reatualizam as relações coloniais.

A branquidade sempre trabalha para atualizar a ideia de subalternidade das mulheres negras. Uma mulher branca num consultório é apenas uma paciente. Já uma mulher negra é uma potencial empregada. "Será mesmo verdade que somos capazes hoje em dia de estabelecer com o negro relações distintas das que ligam o senhor ao seu criado?", nos provoca Achille Mbembe (2018, p. 22).

Esse fato fica bastante expresso em meu dia a dia. Um exemplo que tenho observado há tempos é quando estou em grupo e há uma maioria de pessoas brancas. Digamos, numa festa social, reunião, confraternização, começo a estudar, analisar de que forma as relações acontecem e quais são os papéis que vão sendo reforçados e distorcidos nesses locais.

Em geral, observo que as mulheres estão sempre em posições subalternizadas, seja limpando, cozinhando, servindo as demais pessoas do grupo. Tudo como prevê o comportamento machista de nossa sociedade, apontado anteriormente.

Entre essas mulheres, as negras são sempre "convidadas" a ajudar, a "organizar" o ambiente. São chamadas para cozinhar, ornamentar, cumprindo um imaginário de que mulheres negras são boas cozinheiras, quituteiras, têm uma sabedoria extra quando a questão é cuidar da alimentação e da arrumação. Não é que essas características não possam fazer parte da personalidade dessas mulheres. O fato é que há um pressuposto, uma estimativa de que uma mulher negra foi feita para tal. Como se fosse destinada às tarefas braçais, e não às tarefas intelectuais.

A confirmação desse imaginário da mulher negra como serviçal persegue a todas nós. "Para essa sociedade racista, o que me cabe são sempre trabalhos desprestigiados e de baixo rendimento", é a conclusão oferecida por Célie, uma de nossas narradoras, enquanto Chica traz em sua fala a força de uma mulher que, tendo tido uma mãe que foi trabalhadora doméstica, compreende os lugares destinados pela sociedade às mulheres negras e aponta uma fala que insiste em romper com esse lugar de subalternidade:

> Há uns anos atrás eu estava em um restaurante no bairro da Liberdade, em São Paulo, e uma senhora, vendo a minha destreza ao manusear os *hashis*, perguntou se eu tinha trabalhado na casa de alguma pessoa japonesa. Aquilo me chocou de tal forma (acho que foi a primeira vez que tinha acontecido de eu ser, ostensivamente, confundida – ou colocada – nesse lugar) que eu demorei a entender a pergunta (a mulher perguntou umas três vezes pra eu entender – e mesmo assim não se tocou, o que é impressionante!). (Fragmento da narrativa de Chica)

Tomando o fragmento da narrativa de Chica para discussão, podemos perceber que, quando a mulher branca citada no episódio questiona nossa interlocutora sobre o fato de ela ter "trabalhado" na casa de patrões japoneses, já que possuía tanta destreza com os *hashis*, mais uma vez há uma pessoa branca que revisita a condição colonial senhor > escravizado.

Pensemos o que passa pela cabeça de uma pessoa, que tipo de segurança e superioridade ela acredita ter para que tenha coragem de interpelar uma outra que não conhece, deslocando sua humanidade para esta, a quem atribui servidão. "Acho que foi a primeira vez que tinha acontecido de eu ser, ostensivamente, confundida – ou colocada – nesse lugar". De que forma estaria pressuposto que uma mulher negra, sentada em um restaurante, manuseando "talheres" de outra cultura, seria uma empregada? Como alguém tem poder de colocar um outro alguém em tal posição? Aí está explícita mais uma característica da branquidade. Definir quem é, o que é e como é no mundo em que vivemos.

Nós nos perguntamos se o fato de um trabalho ser desprestigiado tem a ver com ser realizado em sua maioria por pessoas negras ou se ele é realizado em sua maioria por pessoas negras exatamente por ser desprestigiado. Talvez a resposta a essa pergunta fique disponível se pensarmos na proposição instaurada nas discussões sobre o racismo no Brasil e no mundo. Quem veio primeiro: a raça ou o racismo?

A essa proposição, o escritor Ta-Nehishi Coates (2015) respondeu em nosso primeiro capítulo. "A raça é filha do racismo, e não sua mãe." Já o fato de ser um trabalho de baixo rendimento, sabemos que se deve ao racismo estrutural de que tanto falamos hoje em dia e que define as relações e lugares sociais dos indivíduos negros, tanto quanto salários menores, condições precárias de trabalho, jornada que excede o limite normal de trabalho por dia. É disso que nos fala Célie:

> Tenho muitas feridas abertas no meu corpo negro provocado por essa sociedade que me trata como um lixo descartável. Desde muito jovem venho lutando para ter uma condição de vida melhor, porém essa luta tem sido árdua e apenas sobrevivo. Para essa sociedade racista, o que me cabe são sempre trabalhos desprestigiados e de baixo rendimento. [...] Às vezes acho que é inútil e que nunca vamos sair dessa posição de subalternidade e invisibilidade na qual nos colocaram [...]. (Fragmento da narrativa de Célie)

Trazer o vocábulo *ferida* para uma discussão de tamanha complexidade tem também a intenção de materializar a dor causada por esses eventos raciais relatados por nossas interlocutoras. Quando proponho fazer visíveis e dizíveis as experiências com o racismo na vida de mulheres negras, tenho também o objetivo de nomear as condições impostas pela sociedade brasileira a essas mulheres, desde seu nascimento até a fase adulta e o fim da vida. A ferida em questão é o resultado do trauma, uma ferida colonial que consiste em atualizar e reatualizar as formas de apagamento racial trabalhando na manutenção da supremacia da raça branca.

Quando Célie escreve "Tenho muitas feridas abertas no meu corpo negro...", o próprio verbo expresso no presente indica o sentimento de que a ferida acaba de ser "desferida", pois, para ela, o resultado das relações raciais em sociedade é algo que não só machucou, mas ainda machuca.

Ao trazer a experiência que teve em uma consulta médica ao ser "convidada" a trabalhar na casa do médico, Grada Kilomba (2019) compartilha conosco um momento importante em que a colonialidade a empurra novamente à posição de "escravizada". E, mesmo que a autora tenha analisado de diversas formas esse e outros eventos raciais em sua vida, isso não a impede, ou ainda, isso não a protege de ser ferida e sentir a dor que o racismo provoca através desse contato com a branquidade.

Na sentença "Às vezes acho que é inútil e que nunca vamos sair dessa posição de subalternidade e invisibilidade na qual nos colocaram", Célie nos oferece mais uma característica do racismo encancarado, que é causar o desânimo. Se recorrermos à etimologia da palavra cujo significado seria o *animus*, a vida, o espírito, a alma do ser humano, podemos pensar que, quando a pessoa branca desfere uma ação racista contra uma pessoa negra, ela é responsável pela aniquilação da força de vida, da alma que possui o sujeito(a) que é ferido(a). Mais uma vez, temos a branquidade forjando processos de morte e extinção de nossa negritude.

Grada Kilomba (2019, p. 75) aponta que, no racismo estão presentes, ao mesmo tempo, três características-chave para sua eficácia: a) a construção de/da diferença; b) valores hierárquicos; e c) poder. Nas narrativas de nossas participantes, estão explícitos momentos em que as três características apontadas foram notadas. Observemos os elementos presentes na narrativa de Sofia, quando ela conta um fato acontecido com seu pai:

> Meu pai, porém, em nossas conversas, me contou que, para se empregar, fez prova de ajudante de limpeza de um banco e lá dentro foi estudando e chegou a chefe de seção, mas, para galgar seu cargo, sua ficha foi feita sem seu retrato para não chamar a atenção da diretoria, que, dali em diante, teria que se relacionar com um negro apoiado por um branco poderoso que não permitiria que o seu direito fosse retirado. E ele também me confessou que, quando teve o poder de contratar funcionários, povoou a agência bancária de negros para não permitir que os poucos negros não se sentissem diminuídos como ele foi durante anos. Obs.: Ele foi o primeiro negro desta agência

bancária, estudou muito para chegar aonde chegou e vencer como venceu, e me disse também que ver os negros trabalhando era a melhor visão que um negro como ele podia ter do que fez em prol da negritude. (Fragmento da narrativa de Sofia)

Vamos analisar o fragmento anterior: "[...] para galgar seu cargo, sua ficha foi feita sem seu retrato para não chamar a atenção da diretoria [...]". Podemos observar um comportamento bastante comum nas empresas em grande parte do século XX. Ao cadastrar os funcionários em seus quadros, não colocar suas respectivas fotos, caso fossem negros, a fim de "não chamar a atenção da diretoria". Podemos pensar que os responsáveis pela seleção desses homens negros para vagas institucionais poderiam "proteger" esses trabalhadores escondendo suas identidades (evitando perseguições), mas em sua maioria a questão era mesmo camuflar o racismo estruturante dessas relações profissionais, apagando os rostos desses funcionários "indesejáveis", possibilitando os diversos tratamentos e ações racistas que eles sofriam.

No caso do pai de Sofia, o fato de não possuir foto em seu cadastro como funcionário de uma instituição bancária permitia que ele tivesse chances de ser alçado a outras vagas de melhor posição dentro da empresa, pois, ao ter acesso aos documentos do funcionário em questão para avaliar sua aptidão para a promoção, o fato de ser negro o reprovaria. Através do relato de Sofia, fica visível que esse fato possibilitou a promoção de seu pai na instituição bancária, já que no início do relato ela aponta que o pai chegou a chefe de seção. Aí está a construção da diferença, como operam os valores hierárquicos na vida dos negros e o poder dominante.

Para o sujeito negro que precisa lidar com essa interdição, com o fato de sua aparência e sua imagem serem vistas de forma pejorativa, poderia ser devastador um trabalho diário num ambiente como esse. E foi esse o destino de muitos homens negros num primeiro momento, e também das mulheres negras, mais tarde, quando da possibilidade de integrar os quadros empresariais.

Quando a imagem do ser humano é proibida, quando a sociedade impõe regras de invisibilização a esse corpo negro que ali se coloca, a própria humanidade dele é colocada em suspensão. A integração, a convivência e a participação nos processos inter-relacionais ficam cindidas. Se esse indivíduo não pode aparecer, é possível dizer que ele também não poderia existir. Fanon (2008) explica:

> Tendo o campo de batalha sido delimitado, entrei na luta. Como assim? No momento em que eu esquecia, perdoava e desejava apenas amar, devolviam-me, como uma bofetada em pleno rosto, minha mensagem! O mundo branco, o único honesto, rejeitava minha participação. De um homem exige-se uma conduta de homem; de mim, uma conduta de homem negro – ou pelo menos uma conduta de preto. Eu acenava para o mundo e o mundo amputava meu entusiasmo. Exigiam que eu me confinasse, que encolhesse. (FANON, 2008, p. 107)

Essa amputação, esse confinamento de que fala Fanon, pode ser lido como esse processo de anulação que perpassa a ideia de negro(a). E é exatamente essa luta para manter-se são em meio ao choque dos eventos raciais que "abre" a ferida colonial da qual temos falado nessa pesquisa.

Outro dado interessante no fragmento é que, segundo o relato de Sofia, seu pai se dedicou a empregar outros homens negros quando gozava de melhor posição na empresa. A essa capacidade da mulher negra e do homem negro de se "aquilombarem", de "abrirem os caminhos" para outros em situação parecida, podemos chamar de quilombismo.

Abdias Nascimento (2020) e Beatriz Nascimento – em livro organizado pelo professor Alex Ratts (2006) –, foram dois dos maiores pensadores dessas epistemologias de fuga e nos apresentaram as ações necessárias para a ascensão do povo preto, traçando caminhos entre nossa ancestralidade africana e a diáspora dos afro-brasileiros.

Voltando à discussão sobre a branquidade e como ela trabalha na deturpação das imagens de mulheres negras em sociedade, temos, no próximo excerto analisado, um relato de uma situação de racismo em que nossa interlocutora se sente inferiorizada. Podemos pensar nos pressupostos envolvidos na cena relatada e como o imaginário a respeito da inferioridade dessa mulheres é disseminado, passado de geração em geração. E, no caso das crianças, podemos pensar num legado de preconceito e discriminação que vem sendo reatualizado e transmitido, como aponta a narrativa de Luiza:

> Como educadora, um dos últimos acontecimentos mais marcantes foi uma criança de aproximadamente 5 anos, branca, de classe média alta, que apenas me olhou. Um olhar de quem reconhece um serviçal, um olhar que me desestabilizou e [me] desestabiliza sempre que conto essa história, por não ter nenhuma armadura para [me] proteger, nenhuma possível forma de denúncia. É o resultado da perfeição da construção racista, uma criança que já foi educada a reconhecer todo e qualquer corpo negro como subalterno. Com ela eu não posso debater, denunciar. Foi só um olhar que cruzou com o meu. (Fragmento da narrativa de Luiza)

Como nomear esse olhar de que fala Luiza? Como compreender e agir em face de uma cena como essa, que expressa o horror e a insegurança que sente a pessoa negra diante de uma outra, branca, mesmo sendo uma criança? Quando a interlocutora coloca ter se desestabilizado e se sentido desprotegida, temos o uso de vocábulos que podem denotar sensação de perigo, de ataque, de medo. A pessoa branca, quando lança "esse olhar" sobre a mulher negra, tem o poder de colocá-la em um lugar de sofrimento, de posicionar essa mulher em meio a um mundo que não a aceita. Que a despreza. E a ferida não fecha.

Um outro choque por que passa a pessoa negra é o de simplesmente poder ser invadida, analisada, escrutinada a qualquer momento, em qualquer lugar, como se fosse natural ser devassada em público, ter alguém fazendo conjecturas a seu respeito. Como se o fato de ser negra tornasse essa mulher uma clandestina em qualquer lugar, alguém que deve ser "averiguado", alguém que não pertence a lugar algum, uma eterna clandestina em seu próprio país, como já nos trouxe também Célie no capítulo anterior.

Fanon (2008), quando trata da experiência vivida do negro, nos transporta para esse momento de invasão, de escrutinação por que passamos os negros, por que passou Chica quando interpelada pela senhora branca que a interrogava:

"Preto sujo!" Ou simplesmente: "Olhe, um preto!" Cheguei ao mundo pretendendo descobrir um sentido nas coisas, minha alma cheia do desejo de estar na origem do mundo, e eis que me descubro objeto em meio a outros objetos. Enclausurado nesta objetividade esmagadora, implorei ao outro. Seu olhar libertador, percorrendo meu corpo subitamente livre de asperezas, me devolveu uma leveza que eu pensava perdida e, extraindo-me do mundo, me entregou ao mundo. Mas, no novo mundo, logo me choquei com a outra vertente, e o outro, através de gestos, atitudes, olhares, fixou-me como se fixa uma solução com um estabilizador. Fiquei furioso, exigi explicações... Não adiantou nada. Explodi. Aqui estão os farelos reunidos por um outro eu. Enquanto o negro estiver em casa não precisará, salvo por ocasião de pequenas lutas intestinas, confirmar seu ser diante de um outro [...]. (FANON, 2008, p. 103)

Mas o que dizer desse "outro eu" de que fala Fanon? "Aqui estão os farelos reunidos por um outro eu." Esse outro eu, podemos dizer, é aquele forjado pela branquidade: o preto sujo, o ladrão, a clandestina de Célie, o inferior, a mulata assanhada (Rita Baiana) de Aluísio Azevedo (2018) que seduz o bom português em sua obra *O cortiço*, a doméstica servil que é convidada a trabalhar na casa do médico que a consulta, a mulher negra sentada num restaurante japonês que para estar ali só pode ser empregada numa casa de patrões japoneses; um sem-número de outras e outros negros criados pelo delírio da branquidade.

Retomando a construção desse outro e de como ele foi sendo configurado durante os anos, podemos ver o quanto a própria imagem deteriorada do indivíduo branco foi sendo projetada por sobre o corpo da mulher e do homem negro, e reverberada pelo mundo como sua "verdadeira imagem". Tanto Frantz Fanon (2008) e Grada Kilomba (2019) na área da Psiquiatria, da Psicologia e da Psicanálise quanto Achille Mbembe (2018) e Cida Bento (2018) nos Estudos Sociológicos trazem a ideia de que o mecanismo de defesa do ego, que é a negação, é uma das estratégias da branquidade para lançar sobre o corpo negro tudo aquilo a que não deseja ser relacionada. Parte do eu violento, cruel, moralmente reprovável é jogada contra o(a) outro(a).

> Este fato é baseado em processos nos quais partes cindidas da psique são projetadas para fora, criando o chamado "Outro", sempre como antagonista do "Eu". Essa cisão evoca o fato de

que o sujeito branco de alguma forma está dividido dentro de si próprio, pois desenvolve duas atitudes em relação à realidade externa: somente uma parte do ego – a parte "boa", acolhedora e benevolente – é vista e vivenciada como *self*, como "Eu" e o resto – a parte "má", rejeitada e malévola – é projetada sobre o "Outro" e retratada como algo externo. O "Outro" torna-se então a representação mental do que o sujeito branco teme reconhecer sobre si mesmo, neste caso: o ladrão/a ladra violento(a), o(a) bandido(a) indolente e malicioso(a). (KILOMBA, 2019, pp. 34, 36-37)

Dentro desse imaginário da mulher negra como ladra, como desonesta, como alguém que poderá roubar "aquilo que pertence ao branco", observei que várias de nossas interlocutoras contaram ter passado por essas situações em seu dia a dia, principalmente quando estavam presentes em lojas de departamento ou locais com esse tipo de perfil.

A maioria das mulheres negras desta pesquisa apontou ter sido ou ainda ser perseguida em lojas. Algumas apontaram também a questão da invisibilidade. Essas duas faces, a negra que rouba e a negra que não pertence àquele lugar – portanto não deve ser atendida –, fazem parte do racismo cotidiano.

> Experiências que entendo como racismo não me faltam. Além das experiências já contadas no primeiro trabalho, a clássica é: perseguição nas lojas. Enquanto as mulheres brancas circulam tranquilamente nas lojas, eu geralmente tenho um segurança me acompanhando. Confesso que nunca me pediram para abrir a bolsa por desconfiarem de mim, porém sempre tenho algum segurança de olho em mim. Me sinto segura? Nem um pouco! Eu sempre saio das lojas com medo do detector de objetos apitar, mas, quando

apita, não olho para trás. Até hoje não ocorreu o pior (ainda). (Fragmento da narrativa de Ponciá)

Podemos perceber na fala de Ponciá o quanto essa neurose fóbica de que fala Achille Mbembe (2018), a constituição dessa mulher como indivíduo perigoso, percorre os imaginários de pessoas brancas e também negras. O racismo move a todos nós dentro dessa prática de desumanização. Ninguém deseja se identificar com alguém desconfiável, ninguém quer se arriscar numa relação com o temerário:

Quando entro em uma loja ou mercado e vem um homem me seguindo e me observando. Isso me deixa irritada, pois tenho certeza de que isso só fazem com negras ou negros, e às vezes o segurança também é negro, porém eles acham que só nós, negros, roubamos. (Fragmento da narrativa de Sofia)

Assim como as outras interlocutoras também relataram sua perseguição em lojas, Sofia relata uma postura mais combativa em relação a algumas mulheres. Enquanto nossa interlocutora se demonstra irritada com tal percepção, algumas mulheres podem, por defesa ou medo, correr, se esconder, se amedrontar, chorar, oferecendo atitudes que a branquidade pode entender como expressões de culpa. Ainda, o fato de ser um homem negro aquele que segue Sofia, sem dúvida, a deixa intrigada como outras pessoas ficariam.

É comum ouvirmos que "o negro é racista com ele mesmo". Gostaria de atenção sobre essa sentença. Jamais um negro pode ser acusado de racismo, pois para que esse evento acontecesse seria necessário que o indivíduo em questão tivesse poder ou exercesse sua supremacia sobre esse outro a quem discrimina, e nós sabemos quem detém o poder em nossa sociedade, e é a raça branca. Numa relação em que um homem ou uma mulher negros agem com preconceito para com um outro também negro, seja com palavras ou ações como estas relatadas por Sofia, o que acontece é a reprodução de esquemas raciais assimilados e repetidos por indivíduos que já sucumbiram à fantasia racial imposta pelo poder dominante (branco).

Respondendo à questão "O que significa, para você, 'se sentir realizada?'", Zica aponta a importância de não ser discriminada quando frequenta locais de consumo. A ideia de que a pessoa negra não é consumidora, pois não dispõe de poder de compra, ainda é muito forte. Mais uma vez vemos a expressão da inadequação do corpo negro em determinados lugares:

> Me sinto realizada quando sou aceita do jeito que eu sou, do modo que me visto e em qualquer lugar que frequento. Me sinto realizada quando vou a um restaurante, seja ele qual for, e me atendem bem independentemente da minha cor, quando eu estou em um shopping center e posso entrar em qualquer loja, sem que me discriminem pela minha aparência [...]. (Fragmento da narrativa de Zica)

Luiza responde à mesma pergunta trazendo a questão desse corpo indesejado e do quão é importante não se sentir culpada por ocupar os espaços ou simplesmente viver neles. "Sentir-me realizada é não ter culpa de estar onde estou e não ter medo de celebrar cada conquista." Quando uma mulher negra ocupa locais públicos, tem sido naturalizado que ela seja interpelada como se não soubesse o que faz ali. É a surpresa que move a sociedade em ver perto de si um indivíduo não permitido.

Alguém que tem sua liberdade cassada não deveria se comportar de forma legítima nesses espaços. Então, o corpo age de diversas formas para reprimir essa presença indesejada. Talvez seja essa a explicação para as perseguições e interpelações sofridas por mulheres negras.

3.3 Caminhando por vestígios da memória

Desejei trazer neste trabalho a perspectiva da escrita, o ato de escrever como possibilidade de apreensão das memórias do vivido, mas também a produção de uma memória coletiva que pode ser acessada por todo um grupo, que pode ter registros semelhantes.

Nesta pesquisa, a ideia inicial era reunir um grupo de mulheres negras e investigar, através de relatos da vida de cada uma delas, os momentos em que foram atravessadas pelo racismo estruturante de nossa sociedade, suas percepções acerca das feridas que o encontro com a branquidade produz e os efeitos de lidar com a perversidade dos processos de alienação.

Como já abordado anteriormente, meu contato com as nossas interlocutoras se fez durante todo o tempo por e-mail e rede social. Além do envio do roteiro de perguntas que precedia a produção dos relatos particulares, eu pretendia fazer um "acompanhamento" com cada uma das participantes para oferecer ajuda, caso houvesse dúvida em alguma etapa, e também para organizar a questão dos prazos para análise desses relatos e a evolução da pesquisa.

Fui percebendo a necessidade de um contato mais rápido para informações sobre prazo e para tirar dúvidas simples. Assim, criei um grupo em rede social, de nome "Narradoras", que surgiu como essa opção para contatos mais rápidos e diretos entre as sujeitas dessa pesquisa e eu. O processo de escrita de cada uma dessas mulheres se iniciou e terminou no ano de 2019. As narradoras produziram seus textos movimentadas pelas questões enviadas e foram entregando seus relatos também por e-mail.

A primeira das questões que senti foi o poder ainda castrador que tem a sugestão de escrever sobre si. As mulheres negras têm sido inferiorizadas e menosprezadas quando o assunto é produção de conhecimento e produzi-lo de forma empírica, assumindo uma escrita que se olha de dentro para fora, e vice-versa. Todas mencionaram, cedo ou tarde, sua dificuldade para registrar essas memórias em palavras, e isso me trouxe a um processo particular de entendimento de meu papel como pesquisadora, principalmente ao construir um trabalho como este.

Trazendo mais uma vez a intelectual Grada Kilomba (2019) e seus pensamentos acerca do silenciamento do sujeito negro, façamos novo exercício de analisar as produções textuais de nossas narradoras, sem esquecer que a filosofia da escrita como registro do pensamento, das artes e da cultura dos povos não foi pensada para admitir o corpo negro como seu integrante. Essa escrita subalterna, registro de uma fala que pode também ser subalternizada, já foi investigada pela intelectual indiana Gayatri Chakravorty Spivak (1995) e comentada pela psicanalista afro-portuguesa no segundo capítulo de sua recente obra (KILOMBA, 2019).

Alguns estudiosos colocam que Spivak, ao concluir que essa subalterna não pode falar, acaba por ratificar a condição de silenciamento infligida a essas mulheres por tantos anos, enquanto Grada Kilomba localiza o discurso de Spivak como um aporte para pensar uma fala que não pode ser ouvida devido à força do colonialismo e do racismo.

No Brasil, algumas de nossas pensadoras produziram obras que discutiram o processo de insubordinação dessas vozes caladas pela colonialidade, na área da escrita ficcional, nos estudos filosóficos, nas artes plásticas, na música e em diversos outros campos. O desejo de anunciar as tantas vozes que esfacelam o projeto colonial foi motivação de suas produções. Mais à frente trarei reflexões baseadas em algumas dessas obras.

Diante dessa discussão, é importante dizer que iniciar e terminar uma dissertação de mestrado e ainda transformá-la em livro envolve participação total nesse processo de reversão do emudecimento imposto aos subalternos. A mulher negra que fala e escreve nesta pesquisa também sou eu. A mulher que se equilibra entre palavras marcadas como "acadêmicas" ou "não acadêmicas" também é impactada pela sociedade fruto dessa colonização que tomou corpo e mente do mundo globalizado.

Gostaria de trazer essa experiência de falar por entre frestas, de criar caminhos e ensaiar novas dimensões em que se faça disseminar o pensamento ancestral africano e localizá-lo como um elo entre os ancestrais e os vindouros; um conjunto de traços, vestígios desse pensamento negro que permanecem em "suspensão" em nosso mundo. Mas, para falar de traços e vestígios dessas epistemologias diaspóricas, precisamos dialogar sobre a ideia de memória.

A memória é conceito caro e também base das epistemologias africanas. Como seres originados dos povos africanos, há uma série de fatores, condições, saberes que nos ligam à nossa ancestralidade. O conhecimento, a cosmologia e a cosmogonia africanas estão presentes nos descendentes dos africanos e na diáspora, mas também podem ser encontrados quando das experiências metafísicas a que podem estar ligados os descendentes na diáspora.

Esta pesquisa propõe um olhar diferenciado por parte do leitor, uma inclinação sobre a história dos antepassados e descendentes de africanos, para que possamos enxergar por outro viés suas formas de sobrevivência. Talvez as linguagens e línguas existentes não estejam preparadas para explicar tudo o que foi forjado por meio de nossa memória. Exatamente pelo fato de as linguagens coloniais ainda trabalharem para calar o sujeito negro e destituí-lo de sua humanidade que as linguagens e os saberes afrodiaspóricos se apresentam de forma codificada, "permitindo" o acesso dos povos que as criaram e de seus herdeiros.

Falar de memória por vezes pode ser falar também de herança e, para as mulheres negras, cocriadoras desse devir negro que aponta Mbembe (2018), pode ser a materialização desse passado "esgarçado" de que falam Glissant e Conceição Evaristo na modernidade. Como compreender os saberes dos povos africanos e enxergá-los para remontar um presente-futuro gerido por esses povos? O romance *Ponciá Vicêncio*, de Conceição Evaristo, nos possibilita refletir sobre isso através da relação Ponciá Vicêncio – Vô Vicêncio.

> O primeiro homem que Ponciá Vicêncio conhecera fora o avô. [...] Ela era menina, de colo ainda, quando ele morreu, mas se lembrava nitidamente de um detalhe. Vô Vicêncio faltava uma das mãos e vivia escondendo o braço mutilado pra trás. Ele chorava e ria muito. Chorava feito criança. Falava sozinho também. O pouco tempo que conviveu com o avô, bastou para que ela guardasse as marcas dele. [...] Um dia ele teve uma crise de choro e riso tão profunda, tão feliz, tão amarga, e desse jeito adentrou-se no outro mundo. [...] Ponciá Vicêncio, mesmo menina de colo ainda, nunca esqueceu o derradeiro choro e riso do avô. Nunca esqueceu que, naquela noite, ela que pouco via o pai, pois ele trabalhava lá nas terras dos brancos, escutou quando ele disse para a mãe que vô Vicêncio deixava uma herança para a menina. (EVARISTO, 2017, p. 15)

Na obra de Conceição Evaristo, logo em seguida temos o relato do momento dos primeiros passos da protagonista, em que ela "anda" colocando um dos braços para trás, curvando-se como o avô fazia e imitando o braço "cotó" do velho. Na narrativa, a surpresa se dá por conta de todos da família acharem impossível que uma menina tão pequena pudesse imitar o jeito do avô, tendo-o visto tão pouco. A grande questão que envolve a obra de Conceição é saber de que herança estava falando o pai da personagem principal. Como a protagonista, em seus primeiros passos diante da vida, exibe marcas tão fortes da presença, da herança deixada pelo avô?

Vejam que as marcas deixadas pelos processos coloniais instaurados durante toda a vida dos africanos e seus descendentes podem ser pensadas como uma herança como a que deixou o Vô Vicêncio, na narrativa ficcional da escritora, mas também na realidade dimensional vivida por nós.

Desse modo, podemos pensar que nossas interlocutoras também "escreveram as suas heranças" e as disponibilizaram como registro dos traumas causados pela branquidade, pela força da colonialidade, mas também como traços e vestígios de um percurso que marca novas possibilidades de enfrentamento ao racismo estrutural.

Luiz Rufino (2019) traz, em sua *Pedagogia das encruzilhadas*, a figura de Exu como quem forja o saber, movimenta o tempo e produz a criatividade. Assim como Exu prediz o passado e oferece encantamentos para diversas possibilidades de futuros, os descendentes da diáspora africana são convocados a se construir, movimentando seus corpos em direção às dimensões criadas como estratégia de vida num mundo ainda dominado pelos discursos totalitários:

> Exu é o fator primordial e o dínamo mantenedor e produtor das potências criativas, resilientes e transgressoras. A Pedagogia montada por ele é a orientação que nos permite praticá-lo a partir dos cruzos próprios das dinâmicas em encruzilhadas.

[...] Assim, as operações de uma educação imantada no poder de Exu vêm a produzir mobilidade, transformação e possibilidades. Qualquer que seja a perspectiva de uma educação – modo produzido de sentir e praticar o mundo – que negue Exu é, em suma, uma perspectiva contrária ao movimento e à transformação. (RUFINO, 2019, p. 43)

E continua, propondo a observação da figura do orixá como princípio e formador das formas de comunicação:

> Exu emerge como potência para examinarmos os fenômenos constituídos no campo da linguagem, uma vez que é o comunicador por excelência. Exu é o linguista e intérprete do sistema mundo. Dessa forma, é um princípio necessário para o diálogo, elemento fundamental para qualquer processo de produção de conhecimento e da própria condição humana. Assim, Exu configura-se como potência dialógica na medida em que pratica as fronteiras, pois não se ajusta a qualquer tentativa de controle ou de limite imposto. Exu não é nem o eu, nem o outro, ele comporta em si o eu e o outro e toda a possibilidade de encontro/conflito/diálogo entre eles. Por ser esfera que transpõe qualquer limite imposto, Exu é o próprio caminho compreendido como possibilidade, sendo assim um princípio inacabado (Òkotó). (RUFINO, 2019, pp. 43-44)

Aqui a figura de Exu assume um caráter metodológico, na medida em que, através da força metafórica de sua imagem e de suas simbologias, aponta para transformações, para caminhos, para estradas que devem e precisam ser seguidas. Estradas que, mesmo que haja perdas, precisam ser seguidas. Ainda nos rumos do aprendizado sobre as perdas e a retomada do mundo pelos descendentes, Mbembe (2018) diz que os descendentes de povos africanos espalhados pelo mundo viveram um grande incêndio, quando do sequestro de seus ancestrais em África. Foram apartados de sua terra e não puderam levar nada, não tiveram acesso a qualquer lembrança material a respeito de onde viviam, ao que tinham, a objetos que guardassem memórias afetivas. O escritor traz a ideia de que os descendentes de africanos escravizados devem lidar com "o que não sobrou desse incêndio". As lembranças ficaram fragmentadas, separadas, são partes da psique que podem ter a capacidade de se camuflar, de viver escondidas, até que sejam convocadas.

Se pensarmos em nossos antepassados e nas formas de forjar uma vida futura muitas vezes sem acesso à memória de uma vida passada, talvez possamos compreender como foi se constituindo a memória dos africanos e seus descendentes. Quando nossas narradoras escrevem, ativam sua capacidade de mover essas lembranças particulares, que podem ser também coletivas, e evocam essa memória ancestral para "preencher" as lacunas deixadas pelo que foi "queimado" no incêndio.

Segundo a escritora Conceição Evaristo, em fala colhida no 13º Encontro Regional de História Oral, realizado na Universidade Federal do Rio de Janeiro em setembro de 2019, "a memória dos povos afrodescendentes nas Américas situa o sujeito na África e na diáspora, recompondo espaços e tempos múltiplos e diversos, devolvendo ao afrodescendente a sua origem pelo reconhecimento de seu passado [...]". O que chamo aqui de memória negro-feminina pode se apresentar como um quebra-cabeça que funde o espaço-tempo passado e o atual, a fim de recuperar os acontecimentos e momentos falseados nesse passado não vivido e discuti-los em nosso presente.

Édouard Glissant (2005) traz a ideia do migrante nu, aquele que emigra e não carrega nada que possa identificar de onde veio. O *migrant nu* aporta em diversos outros países apartado de seus vínculos emocionais, de seu passado, de sua família, de sua história. Ora, se os europeus podem e conseguem reconstituir sua história e seu passado, o sequestrado e seus descendentes não o podem. Os traços que os levam à lembrança desse tempo passado ficam escondidos, permanecem "codificados", aguardando o chamado da lembrança. A esses traços é que chamo de vestígios.

E é disso que também desejamos falar neste trabalho: dos fragmentos, das evidências, dos sinais que apontam a vivência do passado em fusão com o presente e que aparecem na investigação dessa memória narrada. Podemos dizer que, ao narrar sua própria história, num grupo protegido como o que foi formado para este trabalho, as interlocutoras se sentiram mais seguras para dividir suas vivências dolorosas, enquanto refletiam sobre sua postura diante dessas dificuldades no presente.

A memória do migrante nu não estará intacta; será suja, impura... Uma colagem, como diz Mbembe (2019). Em cada um dos vestígios deixados pelos ancestrais, o migrante, jogado ao mar ou aquele que abraça o mar, eterniza seu eu, que poderá ser encontrado em seus descendentes quando da vivência no futuro.

> A memória popular nunca conta histórias limpas, não há memórias puras e transparentes. Não há memória própria. A memória está sempre suja, está sempre impura, é sempre uma colagem. Na memória dos povos colonizados encontramos inúmeros fragmentos do que foi quebrado em determinado momento e que não pode mais ser reconstituído em sua unidade originária. Assim, a chave de toda memória a serviço da emancipação é saber viver o que se perde, com que grau de perda podemos viver. (MBEMBE, 2019, tradução livre)

O desejo de buscar uma vida que possa (re)traçar esse futuro está expresso na maioria das narrativas. As mulheres negras, que escreveram aqui suas histórias, trabalharam a recusa de se ver por estereótipos que reforcem sua condição de inferioridade. Podemos dizer que essas mulheres "escrevivem" o futuro de toda uma coletividade quando apresentam uma história que é delas, mas também é das demais.

Podemos dizer que, ao narrar as histórias que vimos aqui, Ponciá, Célie, Luiza, Ginga, Chica, Sofia e Zica reencenaram as perdas do passado, revisitaram o incêndio, narraram o trauma e compartilharam resistências para o futuro:

> Existem perdas radicais das quais nada pode ser recuperado e, no entanto, a vida continua e devemos encontrar mecanismos para superar essa perda de alguma forma. Podemos recuperar alguns objetos de uma casa queimada, até reconstruir a casa, mas há coisas que nunca podemos substituir porque são únicas, porque tivemos uma relação única com elas. E você tem que conviver com essa perda, com essa dívida que a gente não tem mais como pagar. A memória coletiva dos povos colonizados busca formas de marcar e viver o que não sobreviveu ao fogo. (MBEMBE, 2019, tradução livre)

Após esse processo de pesquisa sobre os relatos de nossas narradoras, observo que a proposta de enveredar por novas possibilidades percorreu todo o trabalho. Desde o momento da escolha das mulheres participantes até a entrega da dissertação, foram pensadas epistemologias outras, metodologias ímpares, a fim de apresentar outras linguagens e formas de traçar futuros.

Nestas páginas, as vozes "mudas, caladas" de Conceição Evaristo se fundem às vozes silenciadas de nossas interlocutoras, aos silenciamentos impostos por uma academia branca e eurocentrada, ainda com resquícios coloniais, que nos oprimem em busca de pactos e registros que mantenham o colonialismo, e oferecem uma outra perspectiva, construída pelos subalternos e expressa na imagem da Anástacia livre, livre da máscara de ferro, livre da máscara do silenciamento.

Figura 1. "Santinho" distribuído na exposição do artista Yhuri Cruz acompanhando a obra *Monumento à voz de Anastácia*, contendo uma prece criada pelo artista chamada "Oração a Anastácia Livre"
Fonte: Obra do artista Yhuri Cruz, 2019

A voz roubada de nossos ancestrais encontra frestas, busca as fendas e fechaduras dos grilhões do passado-presente e torce a realidade em busca da tão sonhada liberdade que nos é de direito. Como Anastácia, mãe do povo negro, voz da insubmissão do oprimido, instauramos na terra a recusa em usar novamente a máscara de flandres e espalhamos entre os nossos o desejo de gritar e conjurar outra era. Anastácia, mulher que teve a voz sequestrada, há tempos fala pela boca de seu povo.

CONCLUSÃO
OU "ENTREGANDO O TRABALHO AO MUNDO"

As perspectivas da intelectualidade negra, incluindo aqui os feminismos negros, aparecem nesta obra em diversos momentos e em meio às narrativas. No roteiro de perguntas, há uma questão que procura observar como as interlocutoras compreendem esse tema. A ideia era trazer ao texto uma perspectiva de resistência, o que nossas narradoras concluem na esfera da coletividade. Que movimentos e saberes estão presentes em seu dia a dia e que podem remontar aos milhares de movimentos de mulheres negras já criados é uma das principais indagações que acompanha este trabalho.

As mulheres negras, herdeiras de uma filosofia do *em-comum*, jamais poderiam pensar em um mundo somente para si. As epistemologias dessas mulheres nos abrem um mundo sob a ótica da mãe-terra, sob os signos das magias e dos encantos da força feminina, enquanto abrem novas possibilidades construídas no coletivo.

Procurei construir este texto final montando uma narrativa de resistência que pudesse ressignificar os processos brutais de discriminação sobre os corpos e subjetividades das mulheres negras. Desse movimento nasceu um texto em que as palavras de minhas interlocutoras, somadas a pequenas intervenções minhas em forma de conectivos, dirão da experiência de tornar material aquilo que por vezes só se apresenta no campo do indizível. Transportei suas narrativas referentes às questões 4 e 5 e fiz uma ligação entre elas, fundindo uma escrita coletiva que faz jus a uma parte do título desta pesquisa: *Vozes de mulheres negras*.

Lembro-me de que Célie me contatou extremamente constrangida e triste por ter ultrapassado o prazo acordado para a entrega de sua história. Ela me disse inúmeras vezes, num pequeno espaço de tempo, sobre o quão tinha sido difícil lidar com questões que pareciam estar distantes, mas permaneciam por ali, aguardando para serem contadas. Imagino que não deve ter sido fácil, meninas. Muito obrigada.

Na parte final da construção da dissertação, já no ano de 2020, o Brasil foi atingido pela pandemia de covid-19, que diminuiu e pôs sob perspectiva muitas de nossas expectativas em relação ao mundo em que vivemos. Eu já havia concluído a etapa de qualificação, é claro, mas o trabalho de pensar as narrativas das mulheres e costurá-las aos estudos e aprendizados dos teóricos pesquisados e de minha própria vivência ainda parecia distante e difícil.

Em 12 de março de 2020, retornei de um trabalho na cidade de São Paulo para minha casa, no Rio de Janeiro, cheia de dúvidas e assustada com as primeiras visões de pessoas com máscaras de proteção em vista da proliferação dos casos de covid-19. Daí em diante, passaram-se quatro meses de isolamento total do exterior, em convivência com minha mãe, meu irmão mais novo, minha cunhada e meus dois sobrinhos, de 3 meses e 4 anos de idade. Nossa realidade foi sendo modificada e nossos comportamentos, diante da presentificação da morte diariamente marcada pela evolução nos óbitos em virtude do coronavírus, foram se ajustando ao medo de perder uns aos outros.

As aulas da pós-graduação foram suspensas, e os processos que se seguiram também são do conhecimento de todos.

O que trago neste momento de reflexão sobre o trabalho realizado é meu olhar diante do que podemos chamar de uma possível reconstrução do mundo. Durante meses, as pessoas pensaram, opinaram, criaram formas de vencer o sentimento de solidão causado pelo isolamento, teorizaram, vociferaram, enlouqueceram e sofreram os mais diversos tipos de complicações do corpo e da mente, em face de um vislumbre de sua finitude.

Enquanto isso, o povo negro, acostumado a traçar rotas de fuga para vencer as tentativas de aniquilamento mundiais, pôs-se a reinventar os espaços de suas casas, a geografia de suas ruas e seus bairros, as relações entre as famílias e os círculos de amizade, as necessidades diárias de alimentação. Pôs-se a forjar planos de saneamento, de implantação de espaços de higiene para uso de todos e a se responsabilizar pela segurança e pelo provimento daqueles que não podiam se cuidar sozinhos.

No mês de dezembro de 2020 (quando escrevi este texto), a pandemia ainda permanecia marcando nossos dias e meses de forma implacável. Já tínhamos passado por um momento de isolamento mais rigoroso, e, naquele momento, já tínhamos um relaxamento quase que absoluto das regras de proteção e segurança contra o vírus. Eu segui isolada. Precisava sair para comprar alimento e para outras tarefas imprescindíveis, mas permaneci sem contato com meus amigos e parte da família.

As epistemologias negro-africanas me trouxeram até aqui, assim como definiram nossa permanência até o momento, nesse espaço caótico que, sob o controle do capitalismo, ainda teima em nos destruir.

A força das mulheres negras e as teorizações construídas pelas mais velhas, mas também pelas mais novas, os saberes dos povos originários, a recuperação do contato de muitas de nós com a terra ainda são os aprendizados que nos mantêm vivas e alertas, mesmo em tempo de ausências.

A escrita deste trabalho me ensinou a aceitar o fim do mundo como o conhecemos. As histórias das mulheres que participaram trazendo seus relatos me ajudaram a buscar forças para continuar forjando o presente-futuro em parceria com minhas irmãs.

Existem formas de permanecermos em outras de nós. Aqui, neste texto que finaliza esta obra, talvez vejamos algumas delas.

O Feminismo Negro para mim é o reconhecimento de valores há tempos não reconhecidos e não aceitos, principalmente pela sociedade branca. É conseguir atingir todos os meus objetivos ou a maioria deles. É quando nós, mulheres negras, falamos com homens ou mulheres brancas em pé de igualdade, ou seja, no mesmo tom de voz e com as mesmas atitudes com que somos somos tratadas.

É viver a minha vida sem precisar de ajuda. Poder ajudar meus filhos e fazer o que eu quero fazer sem ter que me humilhar para conseguir nem ouvir críticas ou deboche de alguém, sendo branco ou negro. É também entrar nos lugares em que quero entrar sem nada para me impedir. O feminismo hegemônico trata as mulheres como se fôssemos todas iguais, mas sabemos que temos diversas possibilidades de ser mulher.

Nós, mulheres negras, somos atravessadas pela questão de gênero, de classe e raça. Lutamos por igualdade de direitos e oportunidades. Não tive o direito de conviver com a minha família porque precisei sair de casa aos 13 anos de idade. Começava a minha invisibilidade como mulher preta. Isso foi de uma violência tão devastadora que me tirou não só o convívio com meus familiares, mas também muitas possibilidades.

Na minha adolescência, não tive a minha mãe por perto para me orientar sobre a vida. Mesmo convivendo tão pouco com ela, lembro-me de nos orientar sobre violência doméstica. Dizia que jamais deveríamos permitir que um homem levantasse a mão contra nós, pois se isso ocorresse a primeira vez depois teríamos dificuldades de conter tal ato. Levei isso para a minha vida.

A falta de oportunidade me fez amadurecer antes do tempo. Na década de 1970, em pleno período da ditadura e também da segunda onda feminista, em que as feministas reivindicavam a valorização do trabalho da mulher, me eram transferidos os cuidados do filho de outra mulher para que ela pudesse acessar o mercado de trabalho. Mas o que eu quero dizer é que não me sentia contemplada pelo feminismo quando era trabalhadora doméstica.

Para mim, ter cursado uma universidade pública foi a realização de um grande sonho. Foram cinco anos de muita batalha para atingir esse objetivo. Tenho curso superior, mas, do ponto de vista material, nada mudou. O fato de ser mulher negra e ser considerada velha para o mercado de trabalho dificulta ainda para mim. Posso dizer que me sinto realizada com as amizades que tenho. No entanto, ainda tenho muitos sonhos para serem alcançados. Não vejo como me sentir realizada sem o mínimo possível. Sem alimentação de qualidade, lazer, cultura, educação para mim e para os meus.

O Feminismo Negro é, para mim, encontrar o lugar de reconhecimento dessas feridas, de reconhecimento de questões específicas da mulher negra, questões essas necessárias para ressignificar a mulher na sua existência plena. É uma luta das mulheres que faz toda a diferença na minha vida e na de todas nós. A luta da mulher negra não é para tomar o lugar do homem ou estar à frente dele, mas lado a lado, pois antes de tudo somos pretos e, para essa luta, teremos que estar juntos. É ser Filha, Mãe, Mulher, Profissional. É ser Livre, é amar e ser amada e, principalmente, respeitar e ser respeitada sem medida. A mulher negra, hoje, não é somente um corpo bonito: é resistência, é inteligência.

Nos últimos dois anos que se passaram até o término do mestrado (em 2020), tive finalmente a consciência de que posso me sentir realizada, celebrar minhas conquistas. Realização, pra mim, seria viver livre, em paz e inserida num papel relevante da sociedade. Seria ver meus familiares e amigos caminharem sem medo de serem atingidos por um tiro. A todo momento a sociedade aponta para nós. A todo momento me vejo sendo excluída.

Vejo o Feminismo Negro como um conjunto de práticas político-afetivas. Esse conjunto teórico e prático acaba englobando um aquilombamento político e afetivo. A união entre mulheres negras – de solidariedade prática, política e epistêmica – é parte constitutiva desse autoentendimento da mulher negra e de sua atuação no mundo.

Sentir-se realizada é ter a sensação de ter cumprido seus objetivos de vida. Se me sinto realizada? Não, mas acho que, comparando a minha vivência com as das gerações de mulheres pretas que me precederam (na minha família ou não), estou em melhores condições para alcançar esse estado, que, para mim, é uma meta viável e um processo em curso.

Sinto-me realizada quando sou aceita do jeito que eu sou, do modo que me visto e em qualquer lugar que frequento. Sinto-me realizada quando vou a um restaurante, seja ele qual for, e me atendem bem, independentemente da minha cor, quando eu estou em um shopping center e posso entrar em qualquer loja, sem que me discriminem pela minha aparência.

E, olhando para os passos das que vieram antes de mim, posso afirmar que sou (somos), de fato, "o sonho mais louco de nossas ancestrais".

REFERÊNCIAS

AGUALUSA, José Eduardo. *A rainha Ginga*. Rio de Janeiro: Foz, 2015.

AKOTIRENE, Carla. *O que é interseccionalidade?* Belo Horizonte: Letramento, 2018.

ALMEIDA, Silvio Luiz de. *História da discriminação racial na educação brasileira*. São Paulo: Centro de Formação da Vila, 2018b. Vídeo (1h48m06s). Disponível em: https://www.youtube.com/watch?v=gwMRRVPl_Yw&t=4349s Acesso em: 18 jan. 2023.

ALMEIDA, Silvio Luiz de. *O que é racismo estrutural?* Belo Horizonte: Letramento, 2018a.

AMADO, Jorge. *Gabriela, cravo e canela*. São Paulo: Companhia das Letras, 2008 [1958].

ANDRADE, Mário de. *Macunaíma:* o herói sem nenhum caráter. 2. ed. Brasília: Câmara dos Deputados, 2019.

ANGELOU, Maya. *Maya Angelou:* poesia completa. Tradução: Lubi Prates. São Paulo: Astral Cultural, 2020.

AZEVEDO, Aluísio. *O cortiço*. Brasília: Câmara dos Deputados, 2018.

BARROS, Suelem Duarte; MENEZES, Jaileila de Araújo. Narrativas sobre gênero e diversidade sexual no ensino e na formação de professoras e professores. *PerCursos*, Florianópolis, v. 15, n. 29, pp. 169-201, 2014.

BASTOS, Liliana Cabral. Narrativa e vida cotidiana. *Scripta*, Belo Horizonte, v. 8, n. 14, pp. 118-127, 2004.

BENTO, Maria Aparecida S. Branqueamento e branquitude no Brasil. *In*: CARONE, Iray; BENTO, Maria Aparecida Silva (org.). *Psicologia social do racismo:* estudos sobre branquitude e branqueamento no Brasil. Petrópolis: Vozes, 2018.

BETHENCOURT Francisco. *Racismos:* das cruzadas ao século XX. São Paulo: Companhia das Letras, 2018.

BRASIL. Dona Zica, uma liderança feminina no samba carioca. *Biblioteca Nacional*. 22 jan. 2021. Disponível em: <http://bndigital.bn.gov.br/artigos/musica-dona-zica-uma-lideranca-feminina-no-samba-carioca/>. Acesso em: 26 jan. 2023.

BRASILEIRO, Castiel Vitorino. *O trauma é brasileiro* (exposição). Vitória: Galeria Homero Massena, jun.-ago. 2019. Disponível em: https://secult.es.gov.br/Notícia/exposicao-o-trauma-e-brasileiro-em-cartaz-ate-o-proximo-sabado-24. Acesso em: 27 nov. 2022.

BONDÍA, Jorge Larrosa. Notas sobre a experiência e o saber de experiência. Trad. João W. Geraldi. *Revista Brasileira de Educação*, Rio de Janeiro, n. 19, pp. 20-28, jan.-abr. 2002.

CARNEIRO, Sueli. *Racismo, sexismo e desigualdade no Brasil:* consciência em debate. São Paulo: Selo Negro, 2011.

COATES, Ta-Nehisi. *Entre o mundo e eu*. Trad. Paulo Geiger. Rio de Janeiro: Objetiva, 2015.

COLLINS, Patricia Hill. Aprendendo com a *outsider within*: a significação sociológica do pensamento feminista negro. *Sociedade e Estado*, Brasília, v. 31, n. 1, pp. 99-127, 2016.

DAVIS, Angela. *Mulheres, raça e classe*. Trad. Heci Regina Candiani. São Paulo: Boitempo, 2016.

ELY, Amanda; CECHINEL, Beatriz; CAMARGO, Monica Ovinski de. Entre vítimas e criminosas: estudo sobre o histórico de violência na vida das mulheres em situação de detenção no presídio Santa Augusta, Criciúma-SC. *Seminário de Ciências Sociais Aplicadas*, v. 2, n. 2, 2010.

EVARISTO, Conceição. Da representação à autoapresentação da mulher negra na literatura brasileira. *Revista Palmares*, Brasília, ano 1, n. 1, pp. 52-57, ago. 2005a.

EVARISTO, Conceição. Escrevivências da afrobrasilidade: história e memória. *Releitura*, Belo Horizonte, n. 23, nov. 2008.

EVARISTO, Conceição. Gênero e etnia: uma escre(vivência) de dupla face. *In*: MOREIRA Nadilza; SCHNEIDER, Liane (org.). *Mulheres no mundo:* etnia, marginalidade e diáspora. João Pessoa: Ideia, 2005b, p. 202. (Texto apresentado na Mesa de escritoras e convidadas do 10º Seminário Nacional Mulher e Literatura;

1º Seminário Internacional Mulher e Literatura, João Pessoa, UFPB, 2003.)

EVARISTO, Conceição. Literatura negra: uma poética de nossa afrobrasilidade. Dissertação de mestrado (Letras, Pontifícia Universidade Católica do Rio de Janeiro). Rio de Janeiro: PUC-Rio, 1996.

EVARISTO, Conceição. *Poemas da recordação e outros movimentos*. 5. ed. Rio de Janeiro: Malê, 2017a.

EVARISTO, Conceição. *Ponciá Vicêncio*. 3. ed. Rio de Janeiro: Pallas, 2017b.

FANON, Frantz. *Pele negra, máscaras brancas*. Trad. Renato da Silveira. Salvador: Edufba, 2008.

FERREIRA, Aparecida de Jesus. *Letramento racial crítico através de narrativas autobiográficas*: com atividades reflexivas. Ponta Grossa: Estúdio Texto, 2015.

FOUCAULT, Michel. *Em defesa da sociedade*: curso no Collège de France (1975-1976). Trad. Maria Ermantina Galvão. São Paulo: Martins Fontes, 1999.

FREYRE, Gilberto. *Casa-grande & senzala:* formação da família brasileira sob o regime da economia patriarcal. 52. ed. comemor. São Paulo: Global, 2013.

FURTADO, Júnia Ferreira. *Chica da Silva e o contratador de diamantes:* o outro lado do mito. São Paulo: Companhia das Letras, 2003.

GAMA, Luiz. *Carta a Lúcio de Mendonça, 25/07/1880*. Disponível em: http://www.letras.ufmg.br/literafro/autores/11-textos-dos-autores/651-luiz-gama-sao-paulo-25-de-julho-de-1880. Acesso em: 26 set. 2022. (O original da carta está nos arquivos da Biblioteca Nacional.)

GARCIA, Walter. De "A preta do acarajé" (Dorival Caymmi) a "Carioca"(Chico Buarque): canção popular e modernização capitalista no Brasil. *Música Popular em Revista*, Campinas, v. 1, n. 1, pp. 30-57, out. 2012.

GLISSANT, Édouard. *Introdução a uma poética da diversidade*. Trad. Enilce C. Albergaria Rocha. Juiz de Fora: UFJF, 2005.

GOMES, Maria Paula Cerqueira; MERHY, Emerson Elias (org.). *Pesquisadores In-mundo:* um estudo da produção do acesso e barreira em saúde mental. Porto Alegre: Rede Unida, 2014.

GONZALEZ, Lélia. Racismo e sexismo na cultura brasileira. *Ciências Sociais Hoje*, São Paulo, v. 2, n. 1, pp. 223-244, 1984.

HARDY, Ellen *et al*. Consentimento informado na pesquisa clínica: teoria e prática. *Revista Brasileira de Ginecologia e Obstetrícia*, São Paulo, v. 24, n. 6, pp. 407-412, 2002.

HOOKS, bell. Mulheres negras: moldando a teoria feminista. *Revista Brasileira de Ciência Política*, v. 16, pp. 193-210, 2015.

HOOKS, bell. *O feminismo é para todo mundo:* políticas arrebatadoras. Trad. Ana Luiza Libânio. 4. ed. Rio de Janeiro: Rosa dos Tempos, 2019.

HOOKS, bell. Vivendo de amor. *In*: WERNECK, Jurema; MENDONÇA, Maisa; WHITE, Evelyn C. (org.). *O livro da saúde das mulheres negras:* nossos passos vêm de longe, v. 2. Rio de Janeiro: Pallas; Criola, 2000. pp. 188-198.

IANNI, Octavio. Dialética das relações raciais. *Estudos Avançados*, São Paulo, v. 18, n. 50, pp. 21-30, 2004.

JESUS, Carolina Maria de. *Quarto de despejo*. Rio de Janeiro: Francisco Alves, 1960.

KILOMBA, Grada. *Memórias da plantação:* episódios de racismo cotidiano. Trad. Jess Oliveira. Rio de Janeiro: Cobogó, 2019.

LIMA, Fátima. Vidas pretas, processos de subjetivação e sofrimento psíquico: sobre viveres, feminismo, interseccionalidades e mulheres negras. *In*: PEREIRA, Melissa de Oliveira; PASSOS, Rachel Gouveia (org.). *Luta antimanicomial e feminismos:* discussões de gênero, raça e classe. Rio de Janeiro: Autografia. 2017.

LIMA, Fátima; RANGEL, Everton; FERNANDES, Camila (org). *(Des) prazer da norma*. Rio de Janeiro: Papéis Selvagens, 2018.

LORDE, Audre. Usos da raiva. *In*: LORDE, Audre. *Irmã outsider*. Trad. Stephanie Borges. Belo Horizonte: Autêntica, 2019. pp. 155-168.

LUNA, Luedji. Um corpo no mundo. *In*: LUNA, Luedji. *Um corpo no mundo*. Álbum CD, Faixa 2, 6:25. São Paulo: YB Music, 2017.

MARCONDES, Mariana Mazzini *et al*. (org.). *Dossiê mulheres negras:* retrato das condições de vida das mulheres negras no Brasil. Brasília: Ipea, 2013.

MBEMBE, Achille. *Crítica da razão negra*. Trad. Sebastião Nascimento. São Paulo: N-1, 2018.

MBEMBE, Achille. *Poder brutal, resistência visceral*. Trad. Damian Kraus. São Paulo: N-1, 2019. Disponível em: https://issuu.com/n-1publications/docs/cordel_mbembe. Acesso em: 22 jan. 2023. (Entrevista concedida a Amador Fernández, Pablo Lapuente e Amarela Varela, publicada no jornal digital espanhol *El Diario* em 2016 com o título "Cuando el poder brutaliza el cuerpo, la resistencia asume una forma visceral".)

MBEMBE, Achille. *Sair da grande noite:* ensaio sobre a África descolonizada. Tradução: Narrativa Traçada. Luanda: Mulemba; Mangualde: Pedago, 2014.

MOMBAÇA, Jota. O mundo é meu trauma. *In*: MOMBAÇA, Jota. *Não vão nos matar agora*. Rio de Janeiro: Cobogó, 2021.

MOURA, Tatiana Whately de; RIBEIRO, Natália Caruso Theodoro. *Levantamento Nacional de Informações Penitenciárias Infopen*: junho de 2014. Brasília: Ministério da Justiça, 2014.

MUNANGA, Kabengele. As ambiguidades do racismo à brasileira. *In*: KON, Noemi Moritz; SILVA, Maria Lúcia da; ABUD, Cristiane Curi (org.). *O racismo e o negro no Brasil:* questões para a psicanálise. São Paulo: Perspectiva, 2017. pp. 33-43.

MUNANGA, Kabengele. *Negritude:* usos e sentidos. Belo Horizonte: Autêntica, 2012.

MUNANGA, Kabengele. *Rediscutindo a mestiçagem no Brasil:* identidade nacional versus identidade negra. 3. ed. Belo Horizonte: Autêntica, 2008.

NASCIMENTO, Abdias. *O genocídio do negro brasileiro:* processo de um racismo mascarado. Rio de Janeiro: Paz e Terra, 1978.

NASCIMENTO, Abdias. *O quilombismo*: documentos de uma militância pan-africanista. São Paulo: Perspectiva, 2020.

NOGUEIRA, Oracy. Preconceito racial de marca e preconceito racial de origem: sugestão de um quadro de referência para a interpretação do material sobre relações raciais no Brasil. *Tempo Social*, São Paulo, v. 19, n. 1, pp. 287-308, 2007. (Comunicação apresentada em 1954, no 31º Congresso Internacional de Americanistas, e incluída pelo autor, em 1979, na coletânea "Tanto preto quanto branco".)

ONU Brasil. *A rota do escravo*: uma visão global. UNESCO , 2015. Disponível em: <https://youtu.be/rIfTqFmpsdI?si=QljkvAOHI--WEBCt>. Acesso em: 2 de out. 2024.

ONU Brasil. *A rota do escravo*: a alma da resistência. UNESCO, 2013. Disponível em: <https://youtu.be/HbreAbZhN4Q?si=vUL9bQ5O4KRFn7q_>. Acesso em: 2 de out. 2024.

QUIJANO, Anibal. Colonialidade do poder, eurocentrismo e América Latina. *In*: LANDER, Edgardo (org.). *A colonialidade do saber*: eurocentrismo e ciências sociais: perspectivas latino-americanas. Buenos Aires: Clacso, 2005. pp. 227-278.

RAMOS, Guerreiro. O problema do negro na sociologia brasileira. *Cadernos do Nosso Tempo*, Rio de Janeiro, v. 2, n. 2, pp. 189-220, jan.-jun. 1954.

RATTS, Alex. *Eu sou atlântica*: sobre a trajetória de vida de Beatriz Nascimento. São Paulo: Imprensa Oficial; Instituto Kuanza, 2006.

RIBEIRO, Djamila. *Quem tem medo do feminismo negro?* São Paulo: Companhia das Letras, 2018.

RUFINO, Luiz. *Pedagogia das encruzilhadas*. Rio de Janeiro: Mórula, 2019.

SANTOS, Gislene Aparecida dos. *A invenção do "ser negro"*: um percurso das ideias que naturalizaram a inferioridade dos negros. Rio de Janeiro: Pallas; São Paulo: Educ, 2002.

SCHUCMAN, Lia Vainer. Branquitude e poder: revisitando o "medo branco" no século XXI. *Revista da Associação Brasileira de Pesquisadores/as Negros/as (ABPN)*, Goiânia, v. 6, n. 13, pp. 134-147, mar.-jun. 2014.

SELLIGMANN-SILVA, Márcio. Narrar o trauma: a questão dos testemunhos de catástrofes históricas. *Psicologia Clínica*, Rio de Janeiro, v. 20, n. 1, pp. 65-82, 2008.

SILVA, Joselina da (org.). *O pensamento de/por mulheres negras*. Belo Horizonte: Nandyala, 2018.

SILVA, Joselina da; EUCLIDES, Maria Simone. Falando de gênero, raça e educação: trajetórias de professoras doutoras negras de universidades públicas dos estados do Ceará e do Rio de Janeiro (Brasil). *Educar em Revista*, Curitiba, v. 34, n. 70, pp. 51-66, jul.-ago. 2018.

SILVA, Josimere Maria da; SILVA, Hudson Marques da. Escrita de si e memória: a narrativa como testemunho de vidas. *Tabuleiro de Letras*, Salvador, v. 12, n. 2, pp. 82-91, 2018.

SPIVAK, Gayatri Chakravorty. *Pode o subalterno falar?* Trad. Sandra R. G. Almeida, Marcos P. Feitosa, André P. Feitosa. Belo Horizonte: UFMG, 2010.

UNESCO. *História Geral da África*. Brasília: Unesco; Secad/MEC; UFSCar, 2010.

WAISELFISZ, Julio Jacobo. *Mapa da violência 2015*: homicídio de mulheres no Brasil. Brasília: Opas/OMS; ONU Mulheres; SPM; Rio de Janeiro: Flacso, 2015.

WALKER, Alice. *A cor púrpura*. Trad. Betúlia Machado, Maria José Silveira, Peg Bodelson. São Paulo: José Olympio, 2009.

WERNECK, Jurema; IRACI, Nilza. *A situação dos direitos humanos das mulheres negras no Brasil*: violência e violações. São Paulo: Geledés; Rio de Janeiro: Criola, 2016.

ANEXO
NARRATIVAS

Nos textos a seguir, foram feitas apenas correções mínimas de grafia e gramática em atenção à norma culta da língua, mas procurando não desvirtuar a escrita das autoras. Os poucos termos inseridos, para facilitar a formação de algumas frases, foram colocados dentro de colchetes.

Os marcadores de tempo (idades, "atualmente" etc.) se referem ao momento em que as narradoras responderam ao questionário, nos últimos anos da década de 2010.

Todas as narradoras moravam, no momento da pesquisa, em bairros do Rio de Janeiro (RJ). Mas foram eliminadas informações mais específicas (como locais de estudo, trabalho etc.) que permitissem identificar as narradoras.

Ginga

Tenho 35 anos, [sou] casada, mãe, negra, brasileira, moradora de um bairro do Centro do Rio de Janeiro.

1. Conte alguma(s) experiência(s) pessoal(is) que você tenha entendido como racismo.
Então, foi com minha mãe.

Ela resolveu trocar os eletrodomésticos da cozinha; como de costume, ela não gosta de se arrumar muito para fazer uma compra grande, ainda mais com dinheiro em espécie, acha que chama muita atenção, mas, enfim, fomos a uma loja renomada, ela resolveu comprar um fogão, uma geladeira, um micro-ondas, e decidiu que estava mais que na hora de entrar na "era digital": comprou um computador e deu outro de presente pra minha irmã.

Ao chegarmos na loja, entramos e começamos a "namorar" as coisas que ela queria comprar. Ela logo se apaixonou pela geladeira mais cara da loja (lançamento), mas como ela destinou a renda extra pra comprar as coisas de que ela gostou, independente do valor, não falei nada.

O fato é que entramos na loja, e a vendedora da vez, que já trabalhava há algum tempo no local, demorou a nos atender. E como se não bastasse a demora, ela nos deixou esperando e foi abordar uma moça loira, de olhos claros e bem-vestida, achando que não iríamos comprar nada, ainda mais uma geladeira daquelas.

Ficamos esperando a boa vontade da vendedora em retomar nosso atendimento, até o momento em que minha mãe se irritou e procurou a gerência solicitando a troca da vendedora, e assim foi feito: nos atendeu um auxiliar de vendas que havia acabado de entrar na empresa (até então o emprego dele seria temporário). Era um dos únicos negros da loja, mas possuía uma educação e uma simpatia sem igual, quem dera que todas as pessoas fossem assim.

Conclusão: minha mãe comprou tudo que queria, pagou em espécie e solicitou (na verdade, ela comprou sob a condição de) que a comissão da venda ficasse toda para aquele vendedor negro e simpático que nos cativou.

Obs.: Lembra a vendedora que foi atender outra cliente? Não vendeu nada.

Minha mãe não formalizou a reclamação, mas também não era preciso, né?

Como ela sempre ensinou aos filhos, tudo tem a lei do retorno e, nesse caso, o preço pago pelo preconceito da vendedora foi bem alto.

2. Como você se vê sendo mulher negra em nossa sociedade?

Forte, linda, realizada e cada vez mais confiante de que a "doença" racismo será erradicada de uma vez por todas.

Sei que temos muito caminho a ser percorrido, mas a resistência de nossa raça vem crescendo e tomando cada dia mais força, e isso me deixa muito feliz e esperançosa. Afinal, costumo denominar esse movimento como a era dos "Novos Negros", fortes, valentes e destemidos.

3. Como costuma ser tratada nos ambientes em que está pelas pessoas que não são negras?

Nunca tive esse tipo de problema, ao menos não me recordo.

Sempre procurei me impor, meus pais sempre me ensinaram que a beleza está no caráter, na atitude, no coração, a beleza das pessoas não se encontra na diferença da cor da pele ou pelo cabelo que não tem a mesma textura, mas sim na educação e no respeito para com o próximo e, claro, na aceitação das diferenças. Afinal, os dedos das mãos são irmãos, mas não são iguais, não é verdade?

4. O que significa, para você, Feminismo Negro?
Reconhecimento do valor a tempos não reconhecidos e não aceitos, principalmente, pela sociedade.

A mulher negra hoje não é somente um corpo bonito: é resistência, é inteligência.

5. O que significa, para você, "se sentir realizada"?
É conseguir atingir todos meus objetivos ou a maioria deles.

É ser Filha, Mãe, Mulher, Profissional. É ser Livre, é amar e ser amada e, principalmente, respeitar e ser respeitada sem medida.

6. Como se sentiu ao contar suas histórias?
Feliz em compartilhar um pouquinho de quem sou, do que aprendi e do que ensino para minha filha e as crianças que me cercam e, por que não?, incentivar algumas pessoas em se aceitarem como são, sem PRECONCEITO, se respeitando e respeitando o próximo sempre com muito amor.

Sofia

[Tenho] 67 anos, [sou] funcionária pública, tenho dois filhos, moro num bairro da Zona Norte do Rio de Janeiro.

O que você pensa sobre o Racismo?
É uma mancha horrível que acompanha a humanidade há tempos. Uma mancha que acho difícil de ser apagada, pois seus adeptos, ao invés de diminuírem, me parece que aumentam cada vez mais. Era dirigida antigamente ao povo negro em sua maioria, sendo agora expandida a outras minorias personalizadas e a outros povos no mundo com o triste objetivo de exterminar todos os "diferentes".

Em minha época colegial nunca senti na pele este horror, mesmo estudando num colégio público, onde a maioria branca não deixava dúvidas sobre a superioridade que existia lá.

O racismo lá não devia ser tão forte, pois, sendo negra, estudei e entrei sem a ajuda de ninguém, como vejo que muitos negros têm que ter ajuda nos dias de hoje para conseguir seus objetivos.

Pra me empregar, também fiz provas para dois órgãos do governo, fui aprovada em um e lá fiquei até me aposentar, também sem sentir nada de racismo, trabalhando com muitos brancos que, para mim, foram ótimos.

Meu pai, porém, em nossas conversas, me contou que, para se empregar, fez prova de ajudante de limpeza de um banco e lá dentro foi estudando e chegou a chefe de seção, mas, para galgar seu cargo, sua ficha foi feita sem seu retrato para não chamar a atenção da diretoria, que dali em diante teria que se relacionar com um negro apoiado por um branco poderoso que não permitiria que o seu direito fosse retirado. E ele também me confessou que, quando teve o poder de contratar funcionários, povoou a agência bancária de negros para não permitir que os poucos negros não se sentissem diminuídos como ele foi durante anos. Obs.: Ele foi o primeiro negro desta agência bancária, estudou muito para chegar aonde chegou e vencer como venceu, e me disse também que ver os negros trabalhando era a melhor visão que um negro como ele podia ter do que fez em prol da negritude.

Agora o racismo está pior, há matança e muita ruindade por muito pouco, parece que não evoluímos, ou seja, estamos regredindo com relação a este mal que nos assola.

Peço a Deus que livre meus filhos, pois tenho um filho atleta, contratado por um clube europeu, que é o único negro do time, e que na rua lá já brigou, pois entendeu, numa boate [em] que estava, que um cidadão local o estava diminuindo e rindo dele, e seus colegas de time também entraram na briga para defendê-lo, o que graças a Deus ficou só nisso.

Agradeço a Deus também pelos brancos que existem e que lutam e apoiam negros em qualquer lugar e situação, pois eles abrem portas para nós e, se o negro ou negra tiver sorte, ainda ganha um rala e rola com "excelência".

1. Conte alguma(s) experiência(s) pessoal(is) que você tenha entendido como racismo.
Quando entro em uma loja ou mercado e vem um homem me seguindo e me observando.

Isso me deixa irritada, pois tenho certeza de que isso só fazem com negras ou negros, e às vezes o segurança também é negro, porém eles acham que só nós, negros, roubamos.

2. Como você se vê sendo mulher negra em nossa sociedade?

Sofro com as coisas que ouço na TV ou no rádio, o que fazem com negros e negras pobres, e não vejo nunca nada de empenho em ninguém para acabar ou silenciar no intuito de ajudar a nós, negros, que temos como resposta os protestos.

3. Como costuma ser tratada nos ambientes em que está pelas pessoas que não são negras?

Em alguns lugares, como clínicas, e por atendentes, que não são todas, mas o olhar às vezes não nos é direcionado, e as perguntas são feitas o mais rápido possível e num tom que é para não deixar dúvidas.

4. O que significa, para você, Feminismo Negro?

É quando nós, mulheres negras, falamos com homens ou mulheres brancas no mesmo "pé de igualdade", ou seja, no mesmo tom de voz e atitudes como somos tratadas.

5. O que significa, para você, "se sentir realizada"?

É viver a minha vida sem precisar de ajuda. Poder ajudar meus filhos e fazer o que eu quero fazer sem ter que me humilhar para conseguir e sem ouvir críticas ou deboche de alguém, sendo branco ou negro. E também entrar nos lugares que quero entrar sem nada para me impedir.

6. Como se sentiu ao contar suas histórias?

Me sinto forte e dona de mim, porque Deus me fez assim.

Célie

[Sou] natural do Nordeste, 54 anos de idade, solteira, sem filhos, residente num bairro da Zona Oeste do Rio de Janeiro. Graduada em Serviço Social numa universidade pública.

O que você pensa sobre o Racismo?
Falar sobre racismo não é nada fácil, porque trata de feridas abertas que sangram cada vez que são cutucadas. Penso que é uma das formas mais perversas de violência, pois nos desumaniza, nos embrutece, nos enlouquece e nos mata. Vivemos num país racista, que insiste em dizer que vivemos numa democracia racial onde negros e brancos convivem de forma harmônica. Mas basta sair de casa para ver que as coisas não são bem assim. Eu diria ainda que nem precisa sair. É só ligar a TV para ver qual é o papel que historicamente nos é designado. Nas ruas, somos sempre uma ameaça. E, ao entrar num estabelecimento comercial, o negro estará sempre em constante vigilância pelos seguranças. E, mesmo que esteja consumindo, ainda assim ele é observado e temido, pois a qualquer momento podemos cometer um roubo.

Por conta do racismo, fomos relegados à própria sorte ao longo da história.

Com o final da escravidão, diga-se de passagem, conquistada com muita luta de negros e negras, foram criados mecanismos para que estes não acessassem os meios necessários de sobrevivência e melhorias da sua condição de miserabilidade. Não por acaso, em 1850 surge a Lei de Terras, em que um dos objetivos era estabelecer a compra como a única forma de obter terras públicas, dessa maneira inviabilizando qualquer possibilidade de o povo negro adquirir um pedaço de terra.

O acesso à escolarização também foi vetado ao negro através de ato oficial da lei complementar à Constituição de 1824. Sabemos que a educação sempre foi um meio de alavancar a ascensão social, econômica e política de um povo. Então, criam-se leis para que isso não ocorra. Na prática, isso acontece até hoje, com a falta de investimento na educação pública ofertada à população pobre, na sua maioria composta por negros, pois não há interesse em oferecer um ensino de qualidade a esse povo, tampouco lhes permitir a capacidade de pensar, criticar e querer subverter a ordem que está posta.

Eu, mulher negra, pobre, nordestina, nascida na roça e por muitos anos trabalhadora doméstica, só ingressei nessa escolarização deficitária oferecida a esta parcela da população, à qual me incluo, aos 23 anos de idade. Não tenho dúvida de que carregamos as sequelas desse ensino de pouca qualidade e que nos acarreta impactos negativos. Muitas vezes, quando chegamos à faculdade, nos deparamos com alguns professores, ou melhor, deseducadores que nos jogam na cara que aquele não é nosso lugar por conta de tais dificuldades. O racismo cumpre um papel importante nesses espaços de poder, como são as universidades. Nós, negros, ainda somos vistos como pessoas que não deveriam ocupar tais lugares.

Penso que a missão de combater o racismo não é de responsabilidade exclusiva dos negros, mas de todos. Não fomos nós que inventamos o racismo, mas sim as pessoas brancas. Então, cabe a elas também se juntarem a nós na destruição dessa perversidade. Nós, mulheres negras, temos um papel importantíssimo nesse processo, pois somos as maiores vítimas dessa atrocidade. E, para quem acha que não somos um país racista, vista a minha pele preta por um dia.

1. Conte alguma(s) experiência(s) pessoal(is) que você tenha entendido como racismo.
Não me recordo de experiência de racismo de quando era criança. Eu era uma menina alegre e cheia de vida. Me achava bonita com meus cabelos que "davam bênção para o céu", como dizia a minha mãe. Lembro do meu pai dizer que tínhamos de saber qual era o nosso lugar, sobretudo quando se referia a pessoas brancas, que eram poucas no nosso lugarejo onde morávamos. Eram elas também que tinham uma condição melhor de vida. E, para falar a verdade, demorei muito tempo para reconhecer o que era racismo.

A primeira vez que percebi o que entendi como racismo foi no ambiente de trabalho, que também era local de moradia. Meu patrão, toda vez que a repórter Glória Maria aparecia na TV, ele a chamava de crioula ignorante e burra, entre outros xingamentos. Falava com muita raiva. Naquele tempo não entendi o motivo de tanta raiva. Quando a esposa dele percebia o meu desconforto com a situação, ela chamava a atenção dele e pedia para ele parar. Eles não se consideravam racistas e combatiam expressões do gênero. Aquilo me incomodava muito, mas nunca cheguei a falar sobre isso com meus patrões. Passei e passo diversas vezes pelo constrangimento de ser seguida em lojas pelos seguranças. Fico muito irritada com isso e às vezes dou voltas pela loja de propósito dentro do estabelecimento. Isso quando não me sinto envergonhada por ser vista como uma ladra o tempo todo.

Às vezes o racismo é bem sutil. Levamos tempo para enxergar e aceitar que se trata realmente disso. Principalmente quando envolve sentimento, porque estamos tão envolvidas que não percebemos alguns sinais. Quando jovem nunca tive dificuldade para me relacionar com homens negros, mestiços ou brancos. É verdade que na maioria das vezes não foram namoros de muita importância.

A primeira vez que identifiquei ter sido vítima de racismo num relacionamento amoroso foi em 1995. Conheci um rapaz negro em 1994, em plena copa do mundo, na casa de uma amiga. Tínhamos amigos em comum. Naquele mesmo dia ele me pediu em namoro. Havia uma grande torcida por parte dos amigos para ficarmos juntos. Era um cara muito simpático, gentil, trabalhador, técnico em enfermagem e recém-formado em fisioterapia, cheio de sonhos de uma vida próspera e muito ambicioso. Estava solteira e resolvi aceitar o pedido de namoro. Foi tudo muito intenso, e me apaixonei perdidamente por ele. Era uma relação ótima; ele me tratava muito bem. Chegava a ser um pouco pegajoso. Nos víamos com muita frequência e nos falávamos várias vezes ao dia; ele sempre preocupado em me agradar. Um belo dia ele me pediu em noivado de uma forma bem bonita e delicada. Embora estivesse apaixonada, achei que tudo estava indo muito rápido, mas aceitei e deixei rolar. Resolvemos marcar o casamento para maio do ano seguinte.

Até então nunca tinha visto ele como uma pessoa racista, embora às vezes chamasse a sua mãe de cabelo duro ou qualquer outra coisa do tipo. Depois de um tempo, uma amiga minha me falou que ele era preconceituoso, mas não dei ouvido. Uma outra amiga também fez o mesmo comentário a respeito dele. Perguntei às duas porque elas achavam isso, mas elas não quiseram falar. Pensei que era coisa da cabeça delas e larguei pra lá, pois na minha cabeça nós dois éramos negros, logo não existia isso entre nós. Ele dizia que me amava tanto. Começamos os preparativos para o casamento. Chegou o final de 94 e resolvi visitar os meus pais no Nordeste. O meu futuro companheiro não gostou nem um pouco da ideia da viagem. Tentou me convencer a deixar para ir só depois do casamento, mas eu insisti. Ele então pediu para eu fotografar tudo para mostrar para ele. Nunca escondi que era pobre e morava no interior. Mas acho que ele imaginou que a minha família tivesse terras. Passei um mês na casa dos meus pais e ele me escrevia com frequência. Numa das cartas me dizia que tinha reencontrado uma colega da época da faculdade e tinha novidades para contar.

Ainda durante a viagem senti algo muito estranho, como se alguma coisa tivesse se quebrado entre nós. Ele ficou feliz com a minha chegada. Perguntei se estava tudo bem, e ele disse que sim. Me contou que a colega havia lhe convidado para trabalhar com ela no escritório dela. Me disse que tinha dividido uma sala com ela, mas acabou deixando porque não conseguiu cobrir os custos. Perguntei pra ele se tinha mais alguma coisa para me dizer, ele sorriu nervoso e disse que a tal colega tinha se declarado a ele. Perguntei se ele sentia algo por ela; a resposta foi que não. Disse que diria a ela que não aceitaria a proposta. E assim foi feito: ele não aceitou. Continuamos os preparativos, ele sempre amoroso, e começamos a fazer passeios, mas eu sentia que tinha alguma coisa no ar. Chamei ele para uma conversa sobre a tal colega de faculdade. Ele me confessou que ela ligava pra ele e dizia que o amava e queria ficar com ele, mesmo ele dizendo que era noivo. Me disse que gostava de mim e que não queria nada com ela.

O tempo foi passando; eu não estava bem naquela relação, embora o amasse muito. O chamei outra vez para dialogarmos e resolvi perguntar sobre a pessoa; ele disse que era uma moça legal e que queria casar e formar família. Resolvi colocar um ponto-final na relação ali mesmo, pois achava que ele já havia feito sua escolha, só não tinha coragem de me dizer. Ele riu nervoso e disse que eu tinha entendido errado. Fui embora dilacerada e sem entender nada, porque ele não se mostrava apaixonado por ela. Logo depois se casou com a tal moça, que era muito branca e tinha uma boa situação financeira. Os amigos diziam que ele andava com ela como se fosse um grande troféu. E pude ver no dia que os vi na rua.

Sofri muito, entrei numa depressão profunda, cheguei ao fundo do poço. Não conseguia entender o que tinha acontecido. Como uma pessoa que não só falava, mas demostrava me amar, me largava daquele jeito? Custei a entender que ele tinha me deixado pelo fato de eu ser negra e pobre. Levei anos para me recuperar e para voltar a confiar em outra pessoa.

Em 2010, conheci outro rapaz apresentado por um amigo. Logo de cara gostei muito dele. Um cara supersimpático, de bom papo, trabalhador, bom caráter. Mas não tinha intenção de me envolver com ele; poderíamos ser bons e grandes amigos. Não era o meu tipo. Porém esse amigo que o apresentou falava que esse rapaz vivia perguntando por mim. Ele enumerava as qualidades do sujeito. Era um verdadeiro cupido. Eu era 11 anos mais velha que ele e nunca tinha me envolvido com alguém mais novo. Um belo dia, esse rapaz me chamou pra conversar. Disse que estava sozinho e que eu também estava, e que por que não ficávamos juntos. Resolvi então me dar uma chance, já que há muito tempo não me envolvia com alguém e, diante de uma pessoa com tantas qualidades, por que não tentar?

Começamos a namorar. No princípio, para mim, era uma bela amizade. Gostava muito de conversar com ele. O namoro foi evoluindo, e ele foi me envolvendo. Parecia não ser preconceituoso, pois embora bem machista tinha vários amigos gays. Aos poucos, fui confiando nesse homem e fui abrindo o meu coração para ele entrar. Nunca tinha confiado tanto em alguém. O amei tão profundamente como homem e como amigo. Era tudo tão intrinsecamente ligado que eu não sabia separar onde começava o amor pelo homem e iniciava o [amor] pelo amigo.

Fazíamos faculdade e éramos grandes companheiros. Um apoiava o outro nos momentos difíceis. Mas, apesar de nos darmos muito bem, ele nunca esteve inteiro na relação. Parecia que ele fazia um esforço para não se envolver. Nunca queria sair comigo. É verdade que tínhamos muito pouco dinheiro, mas dava para sair e tomar um suco que fosse. Nas raras vezes em que saíamos, era para aniversários na casa de amigos dele ou algumas festinhas da família dele. Ia poucas vezes comigo em reuniões na casa dos meus parentes. Gostava muito de ir ao bar com os amigos para beber, mas eram só homens na maioria das vezes. E eu também não fazia questão, porque ele perdia o controle e sempre bebia muito. Tinha certa compulsão e às vezes tinha consciência disso, e conversávamos sobre isso.

Fui morar com ele depois de dois anos de namoro. Não porque resolvemos casar, mas porque fiquei sem lugar para morar e ele me chamou pra ficar na casa dele. O tempo foi passando, fomos ficando cada vez [mais] unidos e fui ficando. Percebia que ele não estava por inteiro na relação e por muitas vezes pensei em terminar tudo. Ensaiei várias vezes esse término porque, apesar de ter decidido viver esse amor com toda a intensidade, mesmo sabendo que ele não gostava de mim da mesma forma, isso me causava dor.

Ele às vezes perguntava se um alguém o aguentaria. Isso me magoava e às vezes eu dizia: "O que estou fazendo do seu lado?" Sabia que a nossa história tinha prazo de validade e me sentia envergonhada por insistir [nas] relações. Ele nunca me viu como sua mulher. Um dia, chegou em casa muito chateado porque um colega havia lhe perguntado por que nunca tinha se casado. Ele disse que respondeu que não tinha se casado, mas em compensação trepava muito. Fiquei muito chateada com a fala dele. Eu me tornei outra pessoa durante os cincos anos que passamos juntos. Me envergonho muito disso. Porque [estava] sem capacidade de reagir. Um dia, disse que precisava tomar sol, porque estava muito branco; lhe disse que ele não era branco e sua pele estava amarelada por falta de sol. Não discutíamos sobre raça. Pra mim era claro que ele era negro com um tom de pele mais claro, mas não era branco. Isso poderia ser um sinal de alerta e até foi, mas jamais pensei que ele fosse racista. Ele não! Aquele cara tão legal, amigo e defensor dos homossexuais, ele não. Falava às vezes da brancura de algumas artistas com tanto entusiasmo que aquilo me incomodava, mas ainda assim não havia ligado o pisca-alerta do racismo. Estimulava sua mãe quando ela queria fazer escova para alisar o pixaim, era assim que ela se referia ao seu cabelo, sorrindo. Eu fazia relaxamento no meu. Ele nunca falou qualquer coisa a respeito do meu cabelo ou da minha negritude. Tem dois irmãos: um casado com uma mulher branca, a outra mestiça que se considera branca. Esse irmão e outra irmã têm a pele bem escura, e ele e o outro têm a pele mais clara.

Seguimos morando juntos e às vezes eu me preparava para deixá-lo, mas me faltavam forças, amava tanto aquele homem. Em 2014 terminei a faculdade. Ele foi um grande parceiro ao longo dos últimos três anos da faculdade. Aliás, fomos grandes parceiros um do outro. Final de 2014, ele se formou também. Foi uma grande alegria para nós dois, pois éramos os primeiros das nossas famílias a ter o curso superior. Logo depois ele começou a se preparar para um concurso que teria no início de 2015. Logo após a prova, verifiquei uma mudança no comportamento dele. Quando saiu o resultado ele demorou para me dizer. Eu só fiquei sabendo porque perguntei. Aí ele disse que já havia saído o resultado. Eu disse que tinha que comemorar. Ele me disse que já tinha comemorado no bar com o amigo Rafael. Fiquei muito chateada, disse que tinha torcido tanto por ele e se eu não tivesse perguntado ele não ia me falar. Ele disse que ia falar sim. E foi se distanciando e ficou muito vaidoso. Acho que ali ele planejava o seu futuro, mas eu não estava inclusa nele. É bem verdade que nunca estive.

Já não estávamos mais morando juntos, pois quando fui morar na casa dele eu esperava uma casa de uma conhecida pra alugar, mas ela desistiu e acabei ficando na casa dele. Quando finalmente apareceu a casa de um amigo meu para alugar, eu me mudei. Ele não queria que eu fosse, mas não pediu para eu ficar como sua mulher que de fato já era, mas ele nunca considerou.

Ele também era pedreiro e tinha feito um orçamento para construir uma casa de uma conhecida. Ele começou a fazer planos com o dinheiro caso ela aceitasse fazer o valor que ele tinha dado. A futura freguesa pediu para ele baixar o preço e ele acabou cedendo. Começou a obra e ele ficava, ele tomava o máximo de cuidado para não desagradar os pais da freguesa, que ele já conhecia de longa data. Falava da moça com grande admiração e elogiava a beleza do filho dela. Em dois meses em que fazia a obra, segundo ele, se apaixonou perdidamente por ela, mesmo só se encontrando no sábado. Mais uma vez não me liguei nos detalhes e, num domingo pela manhã, após lhe contar um sonho no qual estávamos vivendo um triângulo amoroso consentido após fazermos um bom sexo, ele me disse que era bom eu ter tocado no assunto porque ele estava sentindo algo por uma outra pessoa que ele nunca tinha sentido antes.

Nesse momento, meu mundo caiu. Falei, então, que deveríamos acabar tudo ali. Fiquei acabada e demorei muito para perceber outra vez o que tinha acontecido, até uma grande amiga dele me dizer que eu tinha sofrido racismo. Eu não queria acreditar naquilo que ela estava me dizendo. Como eu não tinha enxergado isso? Me senti um lixo, e desde então venho lutando para me reconstruir. A minha autoestima foi destruída e isso nunca tinha acontecido, mesmo com o outro término anterior tão semelhante a esse. Nunca me perdoei por ter permitido me machucar tanto. Ao longo desses anos me perdi, não sou mais aquela pessoa alegre. Me embruteci, me desumanizaram e todos os dias travo uma batalha interna para não me tornar pedra! Tenho muita vergonha de falar sobre isso. Nunca falei nem para a terapeuta. Não me sinto à vontade. Toda vez que falo ou escrevo sobre isso acabo em lágrimas e o coração saindo pela boca. É misto de dor, cansaço e ódio. Não queria sentir mais isso, sei que ainda tenho muito que lutar contra essa perversidade que é o racismo ao longo da minha existência.

2. Como você se vê sendo mulher negra em nossa sociedade?

Me vejo lutando contra um grande monstro. Ser mulher negra na nossa sociedade é ser uma eterna clandestina no seu próprio país. Mas ao mesmo tempo acredito na força que temos. Tenho muitas feridas abertas no meu corpo negro, provocadas por essa sociedade que me trata como um lixo descartável. Desde muito jovem venho lutando para ter uma condição de vida melhor, porém essa luta tem sido árdua e apenas sobrevivo. Para essa sociedade racista, o que me cabe são sempre trabalhos desprestigiados e de baixo rendimento.

Às vezes acho que é inútil e que nunca vamos sair dessa posição de subalternidade e invisibilidade na qual nos colocaram. Mas logo levanto a cabeça e me encho de esperanças. Acredito que nós, mulheres pretas, somos fortes. Não no sentido de aguentarmos tudo, mas na nossa grande capacidade de lutar e resistir, pois fazemos isso desde o momento da nossa concepção. Precisamos nos dar as mãos verdadeiramente, pois só assim seremos fortes.

Na condição de mulher preta que galgou um pouquinho de conhecimento, algo pequeno, um grão de areia do oceano, mas ainda que seja pouco preciso estar a serviço das nossas irmãs e irmãos. Penso que é urgente um trabalho de base feito por nós e entre nós. Precisamos fazer com nossos familiares, na rua e nos becos onde moramos.

Estamos sendo exterminados, e isso vem acontecendo desde o final do século XIX, com a política de incentivo à imigração de europeus quando não servíamos mais como máquina de trabalho. Inicia-se aí a tentativa de desaparecer com a população negra no Brasil, através do processo de branqueamento. Como não conseguiram, passaram a nos matar, mas não basta nos assassinar, tem que ser com requinte de crueldade, seja com 13 ou 80 tiros, para terem certeza de que não vamos sobreviver.

Nós, mulheres negras ,historicamente tivemos os nossos corpos a serviço dos brancos. No período colonial, servimos para trabalhar, criar e amamentar os filhos das frágeis senhoras ou para saciar as taras dos seus maridos. Isso de certa forma ainda permanece, tendo em vista que a mulher preta é preterida para ocupar o posto de esposa. A violência também nos atinge mais do que às mulheres brancas, e somos também as que mais morrem.

Me vejo em constante perigo na nossa sociedade. Somos invisíveis, recebemos os menores salários e ocupamos os piores cargos. Enfim, temos muita luta pela frente e os frutos só serão alcançados talvez daqui a várias gerações.

3. Como costuma ser tratada nos ambientes em que está pelas pessoas que não são negras?
Isso depende do lugar onde estou e com quem estou. Se entro numa loja considerada chique, na maioria das vezes sou ignorada e, quando sou atendida, geralmente me oferecem o produto mais barato. Isso quando não sou vigiada o tempo todo pelos seguranças. Na maioria das vezes sou invisível. É como se eu não estivesse naquele espaço. E quanto mais elitizado, pior. A academia é um desses lugares.

Durante a minha graduação só tive duas professoras negras. Passei por uma situação bem complicada com uma professora que me expôs diante da turma de forma bastante desrespeitosa. Isso não ocorreu apenas comigo, mas com outros alunos negros cotistas também. Ela deixava claro nas entrelinhas que as cotas trouxeram alunos despreparados para a universidade. Se eu não estivesse preparada para lidar com esse tipo de coisa, teria até desistido da faculdade. Mas enfrentei de cabeça erguida e com bastante cuidado, pois eles têm o poder da caneta e podem nos prejudicar se quiserem. Essa profissional tinha diversas reclamações e até processo contra ela no departamento, mas nunca [deu] em nada.

A verdade é que a nossa presença causa incômodo em muitos lugares. E isso não vai mudar enquanto não discutirmos sobre o racismo.

4. O que significa, para você, Feminismo Negro?
O feminismo negro é algo relativamente novo para mim. Comecei a ter contato com ele há cerca de um ano. Durante esse tempo tenho procurado ler textos de feministas negras para compreender mais sobre o assunto, mas ainda tenho que estudar muito para entender melhor. Penso que o feminismo negro seja importantíssimo para nós, negras. O feminismo hegemônico trata as mulheres como se fôssemos

todas iguais, mas sabemos que temos diversas possibilidades de ser mulher.

Nós, mulheres negras, somos atravessadas pela questão de gênero, de classe e raça. Lutamos por igualdade de direitos e oportunidades. Não tive o direito de conviver com a minha família porque precisei sair de casa aos 13 anos de idade: começava a minha invisibilidade como mulher preta. Isso foi de uma violência tão devastadora que me tirou não só o convívio com meus familiares, mas também muitas possibilidades. Na minha adolescência, não tive a minha mãe por perto para me orientar sobre a vida. Mesmo convivendo tão pouco com ela, lembro-me de nos orientar sobre violência doméstica. Dizia que jamais deveríamos permitir que um homem levantasse a mão contra nós, pois se isso ocorresse a primeira vez depois teríamos dificuldades de conter tal ato. Levei isso para a minha vida.

A falta de oportunidade me fez amadurecer antes do tempo. Diante da pobreza, eu, menina, me vi na responsabilidade de sair de casa para ajudar minha família. Ninguém me pediu para fazer isso, achava que era minha obrigação. Meu pai lutava para nos alimentar, e o mínimo nós tínhamos. Alimento fresco, sem veneno, cultivado num pedaço de terra que não era do meu pai, pois ele era meeiro. Um agricultor que nasceu e morreu cultivando a terra sem nunca possuí-la.

Na década de 1970, em pleno período da ditadura [houve] a segunda onda feminista, em que as feministas reivindicavam a valorização do trabalho da mulher. Me eram transferidos os cuidados do filho de outra mulher para que ela pudesse acessar o mercado de trabalho. Pensando na questão de gênero, nós duas sofríamos as mesmas opressões, mas o que nos diferia era a questão de classe e raça, que nos separava radicalmente. Essa senhora até me colocou na escola.

Esse era o compromisso assumido com a minha mãe, mas nunca me orientou sobre a importância dos estudos para o meu futuro. Acabei desistindo, pois me sentia muito cansada depois de um dia exaustivo de trabalho que não era apenas cuidar da criança, mas também fazer todo o trabalho doméstico. Como fui eu que desisti, a patroa não precisava dar explicação para minha mãe caso ela reclamasse.

Me sinto muito insegura para falar de feminismo, como falei no início, mas o que eu quero dizer é que não me sentia contemplada pelo feminismo quando era trabalhadora doméstica, pois era extremamente explorada pela minha patroa, que lutava contra as opressões e hierarquia de gênero. Penso que a importância do feminismo negro é porque ele colocou em pauta as diversas formas de discriminações às quais somos submetidas e reivindicações pelos nossos direitos, assim como também romper com essa sociedade e propor um novo modelo.

5. O que significa, para você, "se sentir realizada"?
Há várias formas de se sentir realizada. Para mim, ter cursado uma universidade pública foi motivo da grande realização de um sonho. Foram cinco anos de muita batalha para atingir esse objetivo, porém não posso dizer que estou realizada profissionalmente. Tenho curso superior, mas do ponto de vista material nada mudou. Em alguns aspectos ficou ainda mais difícil, pois, como milhões de brasileiros, estamos praticamente implorando para ser exploradas pelo mercado capitalista diante de tamanho desemprego. Ao tentar entrar no mercado de trabalho, sou qualificada demais para ocupar algumas vagas. Já para minha área, não sou o suficiente. O fato de ser mulher negra e ser considerada velha para o mercado de trabalho dificulta ainda para mim.

Sei que uma das poucas possibilidades de trabalho é através de concurso público. Porém, com o Estado a serviço do grande capital, retirando direitos adquiridos, isso fica muito mais distante, pois, como assistente social, trabalho com políticas públicas que estão cada vez mais ameaçadas. Posso dizer que me sinto realizada com as amizades que tenho. Mas ainda tenho muitos sonhos para serem alcançados. Um deles é conseguir a tão sonhada casa própria.

Para mim, não vejo como me sentir realizada sem o mínimo possível. Sem um trabalho que nos permita ter acesso a uma alimentação de qualidade, ao lazer, à cultura, à educação para mim e para os meus.

6. Como se sentiu ao contar suas histórias?

Contar um pouco da minha história, falando sobre o racismo, foi muito doloroso para mim. [Foi] sofrido porque tive que relembrar coisas que tento esquecer. Mas, apesar da dor, sinto a necessidade de falar e dar visibilidade a essa violência. Muita coisa que falei aqui nunca falei nem na terapia. É tão cruel que às vezes fico me perguntando se não estou exagerando vendo racismo em tudo. Mas sei que não estou.

Precisamos discutir sobre racismo entre os nossos pares. Esse é um assunto que não é falado na minha família. Quando falo sobre, sinto um certo constrangimento entre os meus familiares. Vejo que de modo geral não se discute sobre isso em boa parte das famílias, seja negra ou não. Isso ainda é um tabu.

Venho introduzindo esse assunto com os meus sobrinhos pequenos e já vejo pequenos avanços. Mas ainda temos muito trabalho pela frente. É uma tarefa penosa, desigual e desafiante, pois tem uma mídia que destrói diariamente o que tentamos construir. Primeiro precisamos nos reconhecer como negros. São crianças que mesmo tendo pele preta, não se enxergam como tal, pois nunca trataram desse assunto com elas, e não se sentem representadas nos meios de comunicação. O modelo de beleza é branco, o par ideal é branco. Enfim, temos um grande caminho pela frente a ser construído.

Luiza

[Sou] cantora.

O que você pensa sobre o Racismo?
Quando recebi o convite para ser uma das narradoras desta pesquisa não imaginei que fosse ser difícil descrever minha experiência. É tudo tão vivo e igualmente rotineiro que sentar, organizar uma narrativa não foi simples; conseguir sentar e dizer pra mim mesma "reconheço este crime, vivo e viverei com ele, e isso machuca".

Trabalho atualmente no educativo de um museu dedicado à cultura afro-brasileira e atendo de terça a sexta uma média de 35 a 40 pessoas em visitas monitoradas aqui. Resumindo, explico para 40 pessoas por dia que o racismo existe. Explicitar, partindo de obras de arte como as pinturas estereotipadas de Debret e Rugendas, o quanto a nossa leitura sobre um corpo negro é construída há anos.

O racismo é um crime perfeito desde sua construção; aqui neste lugar estou em contato com todas as possíveis manifestações desse monstro construído e alimentado em todas as camadas sociais. De crianças de abrigo a professores universitários, as palavras, as referências, as questões são as mesmas. Preciso com frequência desconstruir a imagem da "África tribal" ou ainda que este não é o "museu do escravo".

Dentro das manifestações do racismo que vivi aqui, de falas racistas conscientes e inconscientes, o não dito é o que mais me desconcerta, um olhar, uma virada de rosto, um passo atrás, um mão que coça a cabeça. O quanto que estas ações estão dia a dia atravessando histórias de negros e negras.

Além do trabalho no museu, canto com artistas de uma produtora paulista, cujos trabalhos são todos empenhados na valorização das pessoas negras, espetáculos infantis, musicais, shows. Nesta experiência, é muito forte perceber o quanto caminhamos, o quanto estamos, mesmo com todas as crueldades do racismo construindo alicerces, sobre os que já foram construídos por nossos ancestrais, para os que estão vindo cada vez mais conscientes da sua história e da sua potência.

1. Conte alguma(s) experiência(s) pessoal(is) que você tenha entendido como racismo.

Como educadora, um dos últimos acontecimentos mais marcantes foi uma criança de aproximadamente 5 anos, branca, de classe média alta, que apenas me olhou. Um olhar de quem reconhece um serviçal, um olhar que me desestabilizou e [me] desestabiliza sempre que conto essa história, por não ter nenhuma armadura para [me] proteger, nenhuma possível forma de denúncia. É o resultado da perfeição da construção racista, uma criança que já foi educada a reconhecer todo e qualquer corpo negro como subalterno. Com ela eu não posso debater, denunciar. Foi só um olhar que cruzou com o meu.

2. Como você se vê sendo mulher negra em nossa sociedade?

São dois pesos que considero importante serem pontuados: um [de] ser um corpo desejado, sexualizado a ponto de ser desumanizado, um corpo disponível sempre, o que me afetou durante anos as relações afetivas. Eu precisei aprender a não me comportar como o esperado, a respeitar os meus limites. Até ter consciência disso, eu fui consentindo violências.

Outro ponto importante é esta mulher como base de uma sociedade dentro das micro-organizações sociais, mulheres que cuidam e sustentam famílias inteiras. Esse sentimento de cuidado, de precisar estar sempre à disposição do outro, da família, do trabalho, dos amigos, dos cônjuges é um peso, um fardo que, para mulheres negras, é muito maior e quase impossível de ser tirado das costas.

3. Como costuma ser tratada nos ambientes em que está pelas pessoas que não são negras?

Eu sou uma mulher negra aceita por parte da sociedade por não ser de pele tão escura, por ser magra, por estar muito próxima do padrão de beleza construído. Então a reação é de espanto, não acolhimento em uma primeira instância. Depois, há o incômodo por lidar com uma mulher que sabe falar, que conversa de tudo, que tem história. Por fim, as palavras "exótica" e "diferente" sempre aparecem.

4. O que significa, para você, Feminismo Negro?

O contato que tenho com feminismo negro é encontrar o lugar de reconhecimento dessas feridas, reconhecimento de questões específicas da mulher negra necessárias para ressignificar a mulher à sua existência plena.

5. O que significa, para você, "se sentir realizada"?

Estou nos últimos dois anos finalmente tendo consciência de que posso me sentir realizada, celebrar minhas conquistas. Durante muito tempo, me acompanha um sentimento de estar deixando para trás um grupo que eu não consigo trazer, eu não consigo carregar comigo, toda uma família, um grupo de amigos, para um mesmo caminho, mesmo trajeto que o meu, ou ainda um mesmo lugar de realização. Então, sentir-me realizada é não ter culpa de estar onde estou e não ter medo de celebrar cada conquista.

6. Como se sentiu ao contar suas histórias?
É um exercício novo olhar para si. Essa novidade me faz pensar nas minhas mais velhas que não tiveram esse tempo, essa possibilidade de também se reconhecerem e se verem realizadas independentemente do que fazem ou fizeram. Narrar minhas histórias me faz ter vontade de ouvir outras histórias. Eu me sinto bem.

Ponciá

[Sou] Assistente social, 38 anos, cristã, nascida e criada na Baixada Fluminense, moradora de um bairro da Zona Norte do Rio de Janeiro e sem filhos.

O que você pensa sobre o Racismo?
Apesar de pobre, meus pais fizeram um esforço e pagaram meus estudos, sendo possível estudar do jardim ao ensino superior em instituições privadas. Infelizmente, meus pais não tinham consciência racial e consequentemente eu também não, vindo a ter plena consciência somente aos 31 anos.

[A] minha infância e adolescência foram as fases [em] que mais sofri com o racismo. Percebo que ainda sofro consequências disso, ainda que em pequenas doses.

Por estudar em escola particular, fazia parte da minoria negra em sala de aula – mesmo sendo na Baixada –, tornando-me alvo fácil dos professores (BRANCOS).

Em meio a uma série de situações, destaco o período do antigo 1º grau (atualmente ensino fundamental). Sendo mais exata, antiga 4ª série, aos meus 9 anos de idade. Lá havia uma professora branca, olhos verdes, cabelos negros na altura do ombro e alta. Nas mãos dela eu sofri muito com o racismo!!! Hoje faço essa leitura, mas na época não entendia os motivos da diferença no tratamento direcionado a mim. Na aula dela eu era exposta ao ridículo, sofria calada. Não falava com a minha mãe, com receio do que poderia acontecer depois da ida dela à escola. Minha mãe iria fazer a "chapa da racista esquentar", mas como eu iria continuar na escola (minha mãe amava a escola por ser referência na região), tinha muito medo das consequências.

Situação vivida na 4ª série: lá estava a professora passando a matéria (que eu amava e amo até hoje – Língua Portuguesa) e, enquanto isso, eu copiava em meu caderno. Ela exigia silêncio em sala, mas se algum(a) querido(a) aluno(a) dela falasse, ela dava um lindo e admirável sorriso, além de seguir com a conversa. Num determinado momento, uma colega de turma que sentava atrás de mim me pediu emprestada uma borracha. Emprestei e, ao me devolver, a tal colega agradeceu e falou algo muito rápido que eu agora não lembro. Eu só peguei a borracha (calada). A professora olhou para trás com toda a fúria e foi em minha direção. Me pegou pelo braço e me colocou sentada na mesa dela, de frente para toda turma, e falou: "Fique aí, já que não consegue ficar calada!" Ali eu tive que me virar para continuar copiando a matéria, além de quase morrer de vergonha. Lembro que isso se repetiu algumas vezes ao longo do ano e eu sempre sem ter culpa, pois sempre fui calada e muito tímida devido às situações vividas pelo racismo.

Para sair da escola [em] que fiz o 1º grau, tive que criar estratégia. Escolhi um curso técnico que não teria no colégio em questão e, assim, minha mãe teve que aceitar a troca de escola. Fui para a mais cara e mais branca.

O meu 2º grau foi libertador, pois já tinha 15 anos e lá tinha voz. Lá eu era ouvida pelos professores e até melhorei em Matemática (porque lá tinha um professor atento a meu interesse e minhas dificuldades). Apesar de tudo isso de bom, tive problema (é lógico). Adolescente, aquela que nunca era escolhida como a mais bela e interessante da sala. Via os casais se formando e, como uma "grande amiga", era feita de Cupido. A questão é: isso se repetia fora da escola também. Meus interesses pelo coleguinha de turma ou do grupo de que eu fazia parte fora da escola guardava só comigo, porque tinha receio de falar e sofrer a rejeição maior e exposta.

Em meio aos amigos da rua, eu nunca era a escolhida pelos meninos como uma paquera. Sempre excluída e nunca preferida. Mas, se precisassem, podiam contar comigo para colocar a "amiga na chave". Pior é que eu não me dava conta e naturalizava. Achava o máximo formar casais. Como relatei no início, não tinha conversas voltadas para questões raciais em casa. Hoje a leitura que faço é: a jovem amiga negra era só para servir. De que forma? Apresentando as amigas brancas aos meninos.

Fase adulta, e lá vamos nós em busca de emprego. Morando na Baixada Fluminense (como muitos negros), encontrava dificuldades em conseguir emprego. (Só queriam pagar a passagem modal.) Em dinâmica era fácil ver a branca que vivia às custas dos pais sem qualquer dificuldade, moradora do município do Rio de Janeiro, sair com sorriso no rosto com a vaga garantida, enquanto para mim era cansativo. O que resolvi fazer? Mentir! Bastou eu informar que morava em Bangu ([bairro carioca em] que eu conseguiria comprovante de residência de uma amiga) para conseguir meu primeiro emprego. (Apesar de Bangu [ser distante], a passagem era modal!!!!)

O tempo passou, os olhos foram abrindo e fui me valorizando. Comecei a sair (aos poucos) do casulo, entendendo todo esse processo da questão racial.

O racismo nos inibe, faz nos acharmos incapazes, nos exclui, nos responsabiliza por nossas dores e, pior de tudo, nos mata.

O racismo faz com que toda nossa caminhada seja dobrada (é desleal em comparação aos brancos), pois temos que sempre provar algo. Provar que somos capazes, que não somos "bandidos", que temos história, que temos valores e que não devemos nada a ninguém. O racismo está presente em todos os âmbitos, como: na escola, nas ruas, nas universidades, no trabalho, nos transportes, nas lojas, entre outros lugares. Dessa forma, a todo momento estamos sendo observados com a expectativa de que venhamos a errar para nos apontar.

Me incomoda as pessoas tratarem as exceções como maioria, pois quando a sociedade (branca) se depara com um negro bem-sucedido, se limita a dizer: "Se ele conseguiu, todos podem conseguir!", ignorando a história e a luta que o fez chegar em tal posição.

Os brancos nunca falarão por nós com autoridade e nunca sentirão a nossa dor, mas acho importante a atenção dos não racistas e antirracistas, assim fortalecendo a nossa luta e atuação em todos os âmbitos da sociedade.

1. Conte alguma(s) experiência(s) pessoal(is) que você tenha entendido como racismo.

Experiências que entendo como racismo não me faltam. Além das experiências já contadas, a clássica é: perseguição nas lojas.

Enquanto as mulheres brancas circulam tranquilamente nas lojas, eu geralmente tenho um segurança me acompanhando.

Confesso que nunca me pediram para abrir a bolsa por desconfiarem de mim, porém sempre tenho algum segurança de olho em mim.

Me sinto segura? Nem um pouco!

Eu sempre saio das lojas com medo do detector de objetos apitar, mas, quando apita, não olho para trás. Até hoje não ocorreu o pior. Ainda.

Mais um caso... Atualmente tenho sofrido de forma muito intensa com o impacto do racismo no trabalho.

Essa luta tem sido diária.

Enquanto os amiguinhos saem leves após cumprirem a jornada de trabalho, eu saio exausta, por ter que me esforçar dobrado para mostrar o meu trabalho, já que as oportunidades não me são dadas e a todo momento eu tenho um gestor que quer mostrar que não sou capaz.

Todas as tratativas da área são direcionadas à "preferida" dele ou a outro funcionário que vejo até mais capaz do que ele.

Ao sinalizá-lo (já que me incomodava), ouvi uma desculpa do tipo: "Fulana é mais rápida e boa nas entregas."

Questionei: "Como você compara, se você não me envia as demandas? Não há como comparar! É a segunda vez que sento para conversar sobre isso com você e a justificativa da outra vez foi bem diferente." (Na primeira vez que reclamei ele disse que era engano meu.)

Eu sempre sou a última a saber as coisas por ele ou fico sabendo pelo coleguinha do setor. Ele manda recado! Ele me exclui o máximo e isso fica nítido para todos (os brancos), porém, como estão em situação confortável, são indiferentes. Acho que é válido informar que sou a única negra da equipe dele.

Para mim é uma luta interna muito grande. Porque choro, sofro e sinto medo, mas, por outro lado, amo o que faço e gosto da empresa.

Me resta pedir a Deus para continuar trilhando meu caminho (para longe dele) e me dando força para superar os obstáculos.

Última experiência entre várias é: dificuldade para pegar táxi. Como é difícil!!

Lembro uma vez, quando meu esposo e eu tentávamos sair da Tijuca. Ao ver que nos aproximávamos do táxi, o motorista na mesma hora fechou o vidro e começou a xingar.

Isso mesmo!! Por que será? Casal branco passaria por isso? Jamais!!

2. Como você se vê sendo mulher negra em nossa sociedade?

Em meio à sociedade, me vejo sendo pressionada duas vezes: por ser negra e mulher.

Não é fácil você crescer ouvindo: "Não pode fazer isso, porque você é mulher!" ou então: "Essa cor de roupa não é boa por causa da sua cor!"

Imagina? A todo o momento sendo cobrada.

Lembro que uma vez, quando era criança, ouvi a seguinte pergunta: "Se pudesse nascer de novo, gostaria de nascer mulher?". Respondi na lata: "Não!! É muita cobrança!"

Quando criança, o machismo era muito forte e as mulheres não tinham voz. Me sentia presa de todas as formas! Era angustiante.

Depois, entendi que não era necessário nascer novamente e que poderia ter voz e me libertar da prisão da opressão.

Quanto ao racismo, este sempre também foi muito forte, mas não me lembro de ter falado em algum momento da minha vida que gostaria de ter nascido branca. Curioso...

3. Como costuma ser tratada nos ambientes em que está pelas pessoas que não são negras?

Os lugares que geralmente costumo frequentar com pessoas não negras são restaurantes, teatros e cinemas. Porém, o local que mais sinto diferença no tratamento é no restaurante.

O atendimento fornecido pelo garçom (por incrível que pareça, geralmente negro) não é o mesmo aos não negros.

Quando vou com meu esposo, esperamos bastante para ter a abordagem inicial, a nossa refeição demora e o atendimento geralmente não é dos melhores.

Teatro, não costumamos interagir com os demais (só quando temos amigos no local); e cinema, geralmente não demoramos após assistirmos aos filmes.

Infelizmente os lugares culturais são pouco ocupados por negros. Isso tem que mudar!

4. O que significa, para você, Feminismo Negro?
O Feminismo Negro é uma luta das mulheres que faz toda a diferença na minha vida e de todas as mulheres negras.

Percebo que ainda é algo novo, que muitas mulheres negras desconhecem e precisam conhecer, pois o que conhecemos da luta das feministas não contempla a mulher negra, mas ainda temos mulheres negras que defendem o feminismo.

Do pouco que conheço (confesso que tenho muito mais que aprender ainda), a luta da mulher negra não é para tomar lugar do homem ou estar à frente dele, mas sim lado a lado, pois antes de tudo somos pretos e, para essa luta, teremos que estar juntos.

5. O que significa, para você, "se sentir realizada"?
Realização pra mim seria viver livre, em paz e inserida num papel relevante da sociedade.

Seria ver meus familiares e amigos caminharem sem medo de serem atingidos por um tiro.

A todo momento a imprensa lembra que somos alvos. A todo momento a sociedade nos aponta. A todo momento me vejo sendo excluída.

Atualmente é impossível eu me ver realizada.

Se hoje é difícil para nós, como será para nossos filhos?

6. Como se sentiu ao contar suas histórias?

Quando tenho a oportunidade de contar minha história, vejo como um momento de desabafo.

Neste trabalho, senti o alívio por ter alguém disposto e interessado em ouvir a minha história. Me sinto leve por poder descarregar esse peso.

Pensei no que faria de diferente, pensei no que eu aprendi e no quanto eu evoluí.

Me sinto mais forte para seguir e não desistir.

Chica

[Tenho] 43 anos.

Nasci em 1975. Minha mãe, na juventude, foi trabalhadora doméstica e, na sua família, sou da primeira geração a frequentar a universidade. Meu genitor, nascido e criado na praia do Pinto, uma comunidade que sofreu também um processo de remoção da Zona Sul na década de 1960, foi o primeiro de sua família a entrar na universidade, onde se formou em Engenharia. Eles se separaram quando eu tinha 4 anos de idade e, quando eu tinha 10, minha mãe casou-se com meu pai do coração, e permaneceram casados até que ela falecesse, em 2011. Sou formada em Letras e faço mestrado na UFRJ nessa área, mas meu emprego regular é na Justiça estadual, embora exerça também o ofício da tradução. Sou solteira, sem filhos, bissexual, aquariana e umbandista.

O que você pensa sobre o Racismo?
Tenho a impressão de que há uma constante na experiência do racismo: a sensação de que querem nos fazer saber que ali não é nosso lugar. Nos casos de vulnerabilidades econômicas mais brutais associadas, é a própria lógica do genocídio. Na minha experiência, de pessoa negra de classe média, às vezes mais, às vezes menos pauperizada, é o estranhamento misturado à repulsa que o meu corpo desperta em estar em lugares que o imaginário popular entende que não deveria estar. Isso desde que me entendo por gente.

No meu prédio, tanto quando meus pais eram casados (na Tijuca) quanto depois da separação (no Engenho Novo), a minha era a única família negra. No que tange à experiência escolar, do jardim de infância ao último ano do ensino médio – na época chamado de segundo grau –, quase sempre fui a única pessoa negra (e lida como tal) da turma, talvez com exceção de um ou dois anos em que tive colegas de sala negras. De qualquer modo, nunca éramos mais de cinco. No curso de inglês (fiz aulas de inglês em um curso na Tijuca desde criança até o primeiro ano da faculdade) só me lembro de uma vez ter tido um colega negro na turma. Mas o problema não era apenas a diminuta representação numérica. Percebo que na escola os alunos negros eram, de modo geral, subestimados. Ainda mais porque, na escola em que estudei da 5ª série (atual 6º ano) até o final do ensino médio, em geral os alunos negros eram filhos de pessoas que trabalhavam na escola (havia uma reserva de vagas, no concurso de seleção dos alunos, para filhos de docentes e servidores técnico-administrativos). Então pesava sobre estes alunos uma dupla estigmatização: como pessoas negras e como pessoas mais pobres (era uma escola que, apesar de pública, tinha um corpo discente predominantemente de classes média e média alta). Obviamente essa estigmatização alcançava também os alunos negros que não estavam neste caso.

No que começo a escrever isso, me dou conta de que, de fato, a estigmatização era brutal, inclusive por parte dos professores. Éramos muito subestimados. Em algum momento deixei de ser [subestimada], talvez por ter firmado logo uma reputação de ser uma das melhores alunas, ou seja, ter ótimas notas. É aquele momento em que a gente deixa de ser "aquela neguinha" e passa a ser, como diz uma amiga minha, "a preta do porém": "é preta, porém é muito inteligente" – mesmo que isso não seja dito dessa forma, com todas as letras. Se por um lado ser essa aluna me trouxe vantagens em relação a esse lado, digamos, institucional do racismo escolar, por outro, acho, naturalizou durante um bom tempo uma cobrança de desempenho num nível que creio não ser sadio.

Porque no fim das contas é isso: não temos direito de ser medíocres ou medianos. Se não somos os melhores, e de maneira consistente, caímos na vala comum do estereótipo de tudo de pior associado ao negro.

Nas relações interpessoais nesses ambientes, o quadro não era melhor. Naquela época (final da década de 1980, início da década de 1990 – terminei o ensino médio em 1992) a discussão racial não tinha nem uma fração do alcance social que tem hoje, e mesmo tendo uma mãe bastante consciente para a média da época, considerando-se que não era uma ativista, tenho pra mim que a consciência racial da época era, de modo geral, muito mais defensiva, focada [mais] em diminuir as vulnerabilidades do que no questionamento geral das imagens, representações e políticas que nos cercam. Quero ressaltar aqui que falo de uma consciência social média das pessoas negras com quem convivia, fora de uma "bolha" ativista, e também que não se trata de uma crítica, mas sim do que havia naquele momento histórico.

Então, a adolescência foi muito complicada. Acho que foi nessa fase que o racismo se tornou mais evidente pra mim. Porque, quando era criança, embora o racismo já estivesse ali (coisas que hoje vejo), o fato de eu ser vista meio que como "criança-prodígio" (comecei a ler cedo, e sozinha, e era, além disso, muito sociável) me tornou em muitos aspectos a queridinha dos adultos do meu entorno. Assim, além de eu ter sofrido menos hostilidade do que talvez alguma criança de temperamento e aptidões diferentes nas mesmas circunstâncias, a que eu sofria era interpretada como inveja (não que também não fosse, mas o fator racismo era menos evidente pra mim – até porque eu era criança).

Já na adolescência foi diferente. Porque coincidiu a mudança de escola, quando eu tinha 11 anos, com a entrada nesse ambiente mais abertamente hostil. Então havia essa coisa da estigmatização social dos alunos pela escola e também dos colegas brancos, que eram hostis, e a gente depois entendia o porquê. Comigo durante um tempo a relação era ambígua – porque todo mundo queria fazer trabalho em grupo comigo, né? No momento em que eu desvendei esse racismo e atirei essa palavra – racista – na cara de alguns, passei a ser execrada mesmo. Hostilizada abertamente por algumas pessoas brancas e evitada por outras. Era um ambiente muito insalubre, do ponto de vista das relações raciais e do impacto que elas viriam a ter em mim. As pessoas brancas eram, em grande parte, abertamente racistas ou indiferentes (aliás, um dos grandes males do mundo é a indiferença). As pessoas pretas de pele clara, que não eram tão poucas, com diferentes graus de passabilidade, faziam, de modo geral, tudo para não serem vistas como negras. Imagino que devesse ser também um processo muito doído viver em constante negação de si. E as pretas sem passabilidade... Me lembro de mim e da Márcia, uma menina que estudou na minha turma no segundo e no terceiro anos do ensino médio: as raivosas, claro. As pessoas com quem eu me relacionava de forma mais próxima eram duas meninas negras de pele clara (entretanto, tenho pra mim que uma das duas não se via, ou não queria se ver, como negra), uma negra retinta, como eu (uso aqui "clara" para denotar as pessoas negras das quais se diz serem "morenas" ou "mulatas", e "retinta" para as que são invariavelmente descritas como negras), uma filha de chineses e duas brancas, sendo uma judia (a propósito, havia relatos de episódios de antissemitismo na escola em tempos idos) e uma que havia sido isolada de sua turma por ter defendido sua amiga negra (uma das de pele clara, que já citei).

Ah... e a construção da autoimagem, fica como? Cagada. Porque, num contexto desses (e os outros ambientes em que eu circulava, embora não abertamente hostis, não eram exatamente receptivos a pessoas negras, e minha presença como tal era, em geral, uma exceção), nunca somos as pessoas que pertencem "de direito" àquele espaço. Existe – e só me dei conta disso já adulta – uma diferença entre ressaltar a competência (ou um determinado número de qualidades) de uma pessoa que está em um dado ambiente e usar suas qualidades como "justificativa" para a presença dessa pessoa nesse ambiente. O segundo caso tem sido recorrente na minha vivência. Como, por exemplo (aconteceu recentemente): uma colega minha me apresentou a uma conhecida sua (ambas brancas) e, mal disse o meu nome, já apressou-se em dizer quantos idiomas eu falava, que eu estava fazendo mestrado na UFRJ... Como a dizer: "Olha, ela é preta, mas faz isso e aquilo." Não importa se ela teve essa fala por ser ela própria racista ou por achar que a colega o era. É cultural! Essa fala existe de várias formas. A verdade é que nós temos sempre que justificar a nossa existência.

De uma maneira que chega a ser óbvia, tudo isso repercutiu na minha (inexistente) vida afetivo-sexual na adolescência. Passei por um preterimento brutal (e uma dose de objetificação da qual, no que pude, me resguardei) e que causou uma relação muito ruim com meu corpo, da qual só comecei a me desvencilhar na época da faculdade (que foi, aliás, quando comecei efetivamente a ter uma vida afetivo-sexual). Porque era um corpo que, na minha percepção da época, servia para chamar a atenção indesejada (de homem assediando na rua, de homens muito mais velhos se achando no direito de querer alguma coisa comigo etc.), mas não para chamar a atenção desejada (isto é, de quem eu porventura estivesse gostando). Além da tendência a esconder sentimentos que, de mecanismo de defesa nessa época – para me resguardar da hostilidade do meio –, acabou se tornando um tipo de cacoete. Desenvolver a autoconfiança nessas questões, pra mim, ainda é um aprendizado em curso e muito incipiente. Até acho que outros fatores, neste particular, entraram em jogo, mas sem dúvida a experiência do racismo tem um papel crucial.

Hoje, adulta (e pra encerrar esse texto inicial que já está muito longo), vejo essa experiência dispersa em vários momentos do cotidiano: desde a diarista branca da vizinha do prédio que acha que por eu ser negra sou diarista também, até o homem que no avião me interpela querendo saber por que eu estou ali, passando pelo desagrado evidente do casal brasileiro hospedado no mesmo hotel que eu em ver uma compatriota negra no mesmo espaço. Mas *still I rise*.[1]

1. Conte alguma(s) experiência(s) pessoal(is) que você tenha entendido como racismo.

De tudo que vivi (e do que pessoas próximas me relatam), me parece que a experiência do racismo em muitos casos é a de estar onde "você não deveria estar". Então é uma violência que começa com o (muitas vezes naturalizado) fato de ser a única pessoa preta do ambiente (essa experiência eu tenho desde criança, em diversos ambientes, da escola aos ambientes de lazer), até a interpelação direta do motivo de eu estar naquele ambiente (o que já aconteceu comigo, em uma viagem de avião. Um homem branco, idoso, veio "puxar papo" comigo, mas na verdade ele queria saber o porquê de eu estar ali, pegando um voo). Essa então é muito comum (já passei muito por isso) e relativamente velada – às

---

1 Referência ao poema "Still I rise", da escritora afro-americana Maya Angelou, originalmente publicado em 1978 no livro *And Still I Rise: A Book of Poems*.

vezes vem (mal) disfarçada de curiosidade ou sociabilidade, mas na verdade é uma interpelação.

Existem também aquelas experiências de "ser confundida" com uma pessoa prestadora de serviços, em um ambiente de moradia ou lazer, ou até de compras. Então vão desde aquele "você trabalha aqui?" quando a gente vai comprar alguma coisa (Essa eu acho surreal porque eu nunca, NUNCA vi uma pessoa branca ser questionada assim. Pode acontecer? Pode, mas nunca vi.) Até – e isso aconteceu recentemente – a diarista (branca) de um vizinho ter achado que eu era diarista de outro apartamento. Ou a presunção de que eu, por ser negra, sou necessariamente trabalhadora doméstica. Há uns anos atrás eu estava em um restaurante no bairro da Liberdade, em São Paulo, e uma senhora, vendo a minha destreza ao manusear os *hashis*, perguntou se eu tinha trabalhado na casa de alguma pessoa japonesa. Aquilo me chocou de tal forma (acho que foi a primeira vez que tinha acontecido de eu ser ostensivamente confundida – ou colocada – nesse lugar) que eu demorei a entender a pergunta (a mulher perguntou umas três vezes pra eu entender – e mesmo assim não se tocou, o que é impressionante!).

Junto com essas duas, tem o lugar da surpresa e da exceção. É um tipo de exotificação, aquele "ela é muito inteligente, faz mestrado ali, fala tantos idiomas etc.", no qual quase se pode ouvir aquele "ela é negra, mas...", que algumas pessoas não falam porque hoje em dia já pega mal, e também aqueles brancos que, ao te apresentarem a outras pessoas brancas, correm pra dizer do teu "currículo meritocrático", como que para justificar sua presença em um determinado ambiente ou círculo social.

No campo da afetividade, também não é fácil, não (nunca foi). Fora as experiências de preterimento (estas acho que durante toda a vida, mas tenho a impressão de que o mais marcante foram aquelas dos anos formativos – no caso, da adolescência), existem as da objetificação, que muitas vezes são brutais. Digo muitas vezes porque às vezes elas têm a sutileza do ser escolhida/boa o suficiente/adequada para relações casuais ou clandestinas, mas nunca para os relacionamentos estáveis. Durante muito tempo, algo que me desorientava eram as relações que acabavam quando estavam pra se tornar sérias, e o preterimento nessa fase [ser] em favor de uma pessoa branca que eu achava "pior" do que eu (feia, não inteligente etc.). Mas já passei pela objetificação brutal mesmo, inclusive de pessoas nas quais estive interessada (e imediatamente perdi o interesse) – tipo aquelas cantadas mencionando a cor ("ah, você com essa cor quente...") que já ouvi, ou como já me perguntaram: "É verdade que vocês [negras] são mais fogosas?" E a recusa a se deixar objetificar significa muitas vezes cair no preterimento – que, aliás, constitui-se numa forma de invisibilidade. Então mulheres negras podem ser inteligentes, simpáticas, solidárias, enfim, boas pessoas, podem ser até sensuais, mas na hora de serem cogitadas como possíveis parceiras românticas são invisíveis. Em maior ou menor grau, conforme o ambiente, tenho essa sensação, principalmente nos ambientes heterossexuais e, sobretudo, nos mais embranquecidos (heterossexuais ou não): a da invisibilidade.

Por falar invisibilidade, um dos episódios mais antigos e chocantes de racismo (com viés colorista) pelo qual passei foi quando, aos 14 anos, fui escolhida oradora da minha turma no curso de inglês. Eu [era] a do curso regular e outra moça (branca) do curso de formação de professores da instituição onde estudávamos. Fizemos nossos discursos normalmente e participamos da formatura. Quando foi publicada a revista do curso, a matéria referente à formatura saiu com uma foto dela e, em vez de sair com uma foto minha, foi publicada a de outra formanda, não branca, mas de pele clara. Isso foi em 1989. Não sei se hoje em dia haveria tanta cara de pau (pensando bem, acho que sim).

2. Como você se vê sendo mulher negra em nossa sociedade?

A minha experiência de mulher negra na sociedade brasileira é de matar um leão, uma girafa e um elefante por dia. É a de todos os dias romper os estereótipos e não se deixar confinar (acho que é isso, não se deixar confinar). É saber que todo dia vai ter alguém ou algo querendo te empurrar para a invisibilidade, a subalternidade, o isolamento, e que a sua mera existência é um incômodo para alguns. É se defrontar muitas vezes, com o triste e desconfortável lugar da exceção, e que a branquitude vai querer te colocar nesse lugar e dourá-lo com o discurso meritocrático pra disfarçar o seu racismo (na linha: você está aqui porque se esforçou, os outros negros não se esforçam).

É saber que a mediocridade não te cabe e é um privilégio branco, porque a régua que mede seus resultados e seus esforços sempre será mais rígida. Essa noção dentro da qual muitas pessoas negras foram criadas, de que precisamos ser muito melhores do que os brancos para alcançar resultados socialmente semelhantes, infelizmente é real, até por uma questão institucional: a sociedade funciona assim em todos os seus mecanismos. Mas isso é de uma violência tremenda, da qual nem sempre a gente se dá conta por se colocar expectativas muito altas e ser "naturalmente" (o que é natural e o que é construído?) muito competente em algumas coisas. Mas e naquilo que a validação depende pouco ou nada do nosso esforço? E quando a gente somatiza esses efeitos de uma cobrança que é própria, mas também é social? Então é uma carga que também nos adoece. A solidão também nos adoece. Tenho disidrose desde os 35 anos, quando minha mãe caiu doente, já tive momentos de crise em que cheguei a perder as impressões digitais de ambas as mãos. Recentemente tive uma crise psíquica que achei que não conseguiria sequer ir trabalhar. Olho para os lados e vejo que não é só comigo: há outras mulheres negras, em circunstâncias semelhantes ou não, passando por processos muito parecidos.

Acho que em alguns momentos também naturalizamos essas violências – o que evidentemente não é culpa nossa: é um construto cultural. Então somos muito boas e eficientes em cuidar dos outros (digo aqui família e amigos), servi-los, defendê-los, ajudá-los, mas temos dificuldade em pedir ajuda. Esse aprendizado (o de pedir ou aceitar ajuda) na minha vida foi algo tardio (na verdade tem sido, porque ainda é um processo) e que veio em razão de uma circunstância extrema (na época que minha mãe adoeceu e posteriormente faleceu).

Essas vivências, guardadas as proporções de classe, idade, região, sexualidade, são muito semelhantes às de miríades de outras mulheres negras. Mas acho que a conscientização – para usar uma palavra da moda, o empoderamento – faz uma grande diferença nas nossas vidas. Acho que fez na minha. Empoderar-se é um processo (não acredito em ninguém empoderada como um produto acabado, porque, se estivéssemos todas empoderadas, estaríamos imunes ao racismo e também ao sexismo, o que não é verdade, já que nenhuma mulher preta está blindada do racismo e do machismo) individual, mas também coletivo, que começa pelo desvendamento individual de como as opressões se dão na sociedade de forma geral, mas também nas nossas próprias vivências, e passa pelo aquilombamento político e afetivo. Por aquilombamento político e afetivo entendo a compreensão de que ninguém consegue dar conta de enfrentar esse multifacetado processo de opressão sozinho. Então estar junto dos nossos – e, pra ficar no escopo do que se discute aqui, das nossas – tem um papel crucial, num nível (micro)político para muitas vezes enfrentar as manifestações de racismo que ocorram, e também porque esse estar juntxs rompe a sensação de isolamento que aprofunda nossos sofrimentos.

3. Como costuma ser tratada nos ambientes em que está pelas pessoas que não são negras?

Creio que há três momentos muito comuns nas vivências das pessoas negras nas interações sociais. Da forma que percebo na minha vida, existem três representações algo comuns: a primeira é a do estereótipo. O branco que não te conhece está mais propenso a ser abertamente racista, seja de forma hostil ou de "estereotipação". Então em ambientes nos quais ninguém me conheça e que sejam mais homogeneamente brancos e mais racistas, por ser elitizados ou outra razão, o tratamento, ainda que não necessariamente agressivo, tende a gravitar em torno dos estereótipos – presunção de pobreza (não que eu seja rica!), de subalternidade, de falta de instrução etc.

A segunda imagem/representação é a que eu vou chamar (copiando o termo de uma amiga que o usa para referir-se à maneira que a família do marido branco a vê) de "preta do porém": ela é preta, porém estudiosa; preta, porém inteligente; preta, porém educada. Esse "preta, porém" não é falado abertamente (eu particularmente nunca ouvi nas minhas interações sociais), mas emerge de forma muito evidente no modo algo forçado dos elogios. Existe um componente de exotificação também, principalmente se há algo em mim que o interlocutor ache particularmente interessante e queira ressaltar. "Ela [é preta, mas] faz mestrado, fala três idiomas e desfila." (Essa fala é real.) Esse tipo de comportamento é muito comum quando a pessoa tem algum afeto ou admiração por mim e deseja "justificar" a minha presença naquele meio para outras pessoas brancas presumidamente racistas. É a representação da exceção.

A terceira imagem/representação tem relação com a(s) pessoa(s) branca(s) em questão saber(em) que tenho algum letramento sobre questões étnico-raciais e de gênero. Aí já me torno a preta encrenqueira-ativista-panfletária-problematizadora (não necessariamente nessa ordem); enfim, alguma variante dessa já batida imagem da "preta raivosa".

Outro desdobramento é a "preta metida" (desde muito cedo ouço isso). Não coloquei como uma representação à parte porque percebo que muitas vezes ela é um desdobramento da "preta do porém". É a pessoa preta que é percebida como tendo alguma consciência de si e se recusando ao estereótipo.

Mas nem tudo é tristeza também. Acho que algumas pessoas brancas de fato, ainda que possam resvalar nessas representações, buscam desconstruir seu racismo (aquele que nem nós, pessoas negras, estamos livres de reproduzir). Acho que de uns anos pra cá consegui – a partir desse processo de desvendamento das opressões – diminuir a quantidade de pessoas que externam essas formas de racismo no meu entorno, e no meu círculo mais próximo creio que posso considerá-las erradicadas.

4. O que significa, para você, Feminismo Negro?
Eu poderia dizer aqui muitas coisas, desfiar teorias, fazer citações, mas uma definição mais funcional e que parta da minha vivência é mais interessante, dado o todo do questionário: vejo o feminismo negro como um conjunto de teorias, mas também e, sobretudo, de práticas político-afetivas

(porque perpassam o cotidiano em toda a sua extensão) que ressaltam o protagonismo da mulher negra na sociedade e em sua própria vida.

Uso propositadamente a palavra protagonismo porque, ao reconhecer o duplo vetor de opressão que a mulher negra sofre (gênero e raça), esse conjunto de teorias e práticas tem desdobramentos em todas as relações sociais e aponta para uma mudança nas próprias estruturas das sociedades em que as negras estão presentes. Então discordo de quem diz que se trata de enegrecer o feminismo, porque, embora algumas pautas possam ser comuns entre o feminismo branco/liberal/burguês e o feminismo negro, essas teorias e práticas surgem de lugares sociais distintos, informadas por fatores históricos, econômicos e epistêmicos distintos.

Esse conjunto teórico e prático acaba englobando, então, o que chamei mais acima de aquilombamento político e afetivo. A união entre mulheres negras – de solidariedade prática, política e epistêmica – é parte constitutiva desse autoentendimento da mulher negra e de sua atuação no mundo.

5. O que significa, para você, "se sentir realizada"?
Sentir-se realizada é ter a sensação de ter cumprido seus objetivos de vida. Se me sinto realizada? Não, mas acho que, comparando a minha vivência com as das gerações de mulheres pretas que me precederam (na minha família ou não), estou em melhores condições para alcançar esse estado, que para mim é uma meta viável e um processo em curso.

Sou da primeira geração da família da minha mãe a ter ingressado na universidade e, na família do meu genitor, sou da segunda. Considerando o núcleo familiar do meu padrasto/pai do coração, não apenas fui da primeira geração, como efetivamente a primeira pessoa. Ter sido criada sem grande pressão para casar e ter filhos, mas, ao invés disso, [ser livre para] buscar o desenvolvimento intelectual e profissional e a liberdade como mulher, ter acesso a leituras, pessoas e vivências que me formaram (e ainda formam) como ser político e espiritual, viver neste tempo em que, com todas as lutas e contradições, é possível expressar as várias dimensões do meu ser, ter consciência das "correntes que me prendem" (como disse Rosa Luxemburgo) e poder lutar para desvencilhar-me delas, aquilombando-me política e afetivamente com as amigas/irmãs/amantes/filhas/mais velhas/mais novas faz com que eu seja uma pessoa feliz em existir neste tempo e lugar. E, olhando para os passos das que vieram antes de mim, posso afirmar que sou (somos), de fato, "o sonho mais louco de nossas ancestrais".

6. Como se sentiu ao contar suas histórias?
Achei terapêutico. Responder às perguntas me fez refletir sobre alguns processos internos, sintetizar algumas coisas, "decantar" e amadurecer alguns conceitos. Agradeço pela oportunidade.

Zica

Tenho 33 anos, moro num bairro da Zona Norte do Rio de Janeiro, [sou] casada, mãe de duas filhas, estudante de Gestão de RH e feliz.

O que você pensa sobre o Racismo?
O racismo é qualquer pensamento ou atitude que separa as raças humanas por considerar algumas superiores a outras.

Pode ser contra negros, índios ou mulatos, por parte de outras raças. Mas os negros são principal referência quando é discutido o tema racismo. Embora no Brasil haja uma forte mistura de raças, a incidência de racismo pode não ser tão evidente para alguns, mas ele não deixa de existir.

Em alguns casos ele ocorre de forma sutil, nem é percebido pelas pessoas. Pode acontecer em forma de piadas, xingamentos, ou simplesmente [no modo de] evitar o contato físico com a pessoa. A verdade é que nenhum lugar está protegido do racismo.

1. Conte alguma(s) experiência(s) pessoal(is) que você tenha entendido como racismo.
Trabalhei em uma empresa durante quatro meses, e logo após o carnaval mudei meu visual e coloquei tranças.

No primeiro dia útil após o carnaval, eu sentada na recepção da empresa (pois eu era recepcionista), passou o dono do escritório, me olhou, se espantou e seguiu até a sala dele. No fim da tarde, fui chamada pela coordenadora, que me disse a seguinte frase: "Zica, você precisará tirar as suas tranças até semana que vem." No primeiro momento me espantei, mas perguntei a ela o porquê daquilo, e ela me disse: "Então... Você não está coincidindo com a empresa."

Daí começou uma cena de terror em minha vida, pois eu estava entre a cruz e a espada, pois eu tenho uma família e não poderia perder meu emprego.

Fui chamada na tal sala inúmeras vezes, porque eles me disseram que eu corri o risco e tal... Me senti muito mal com tudo isso de verdade, pois eu não poderia imaginar o que um penteado poderia causar.

Sei que no final de tudo eles me disseram que eu poderia continuar com as minhas tranças e que não era para eu me preocupar, mas eu já estava muito abalada emocionalmente... Enfim, nesse momento recebi uma outra proposta de emprego, onde me encontro atualmente, e não pensei duas vezes em pedir demissão.

E antes de sair da empresa a tal coordenadora me fez a seguinte pergunta:

"Essa sua atual empresa já viu que você usa tranças?"

Eu respondi:

"Viu ainda não, mas eles me escolheram pela minha capacitação profissional, e não pela minha aparência... Ah, e te digo mais, é uma empresa multinacional."

2. Como você se vê sendo mulher negra em nossa sociedade?

Não me sinto nem um pouco confortável, visto que somos discriminadas o tempo inteiro, em todo lugar. Muito ruim me sentir assim, mas esse é meu verdadeiro sentimento atualmente.

3. Como costuma ser tratada nos ambientes em que está pelas pessoas que não são negras?

Com todo o cuidado do mundo, não porque elas são educadas, e sim porque as pessoas têm muito receio de nos tratar de qualquer outra forma e serem julgadas como racistas.

É ridículo como somos tratados, vemos nos rostos das pessoas que elas nos tratam cheias de dedos, e não como pessoas. Nos tratam como os negros que não podem serem ofendidos e que não podem ser destratados, pois senão nos vitimizamos e nos ofendemos; uma cena ridícula, porém muito verdadeira.

4. O que significa, para você, Feminismo Negro?
Seria uma luta antirracista.

5. O que significa, para você, "se sentir realizada"?
Me sinto realizada quando sou aceita do jeito que eu sou, do modo que me visto e em qualquer lugar que frequento. Me sinto realizada quando vou a um restaurante, seja ele qual for, e me atendem bem, independentemente da minha cor, de quando eu estou em um shopping center e posso entrar em qualquer loja sem que me discriminem pela minha aparência. Que minhas filhas possam ser vistas apenas como amigas, e não como as amigas pretinhas (que é assim que elas são chamadas no colégio).

6. Como se sentiu ao contar suas histórias?
Me senti bem em expor um pouco da minha história. Muito bom podermos nos expressar sem medo e sem qualquer receio.

FONTES ITC Stone Serif Std e Avenir LT Std
PAPEL offset $75g/m^2$
IMPRESSÃO Gráfica Assahí, outubro de 2024
1ª edição